補完性の理論

木 戸 一 夫 著

慶應義塾大学商学会 商学研究叢書 23

慶應義塾大学出版会

はしがき

本書は補完性という概念を扱う。特に，企業経営を分析対象とし，企業内部の諸活動の組合せ方を補完性の観点から評価する方法を考察する。かつて経済学において，生産関数は，労働力・原材料・資本というインプットに対して，最適な組合せ方によって得られる生産物の量を対応させるものだった。しかしよく知られているようにこれはひとつの理想であり，企業においては，どのような変換のプロセスを経て最終的な生産物を得るのが最適なのかを考え，それを実現していかなければならない。そのために，企業の周辺の状況を的確に判断しながら，企業内部にいかなるアクティビティをもち，それらをいかに組み合わせるかを決定すること，またそのためにいかなるケイパビリティをもち，それをいかに成長させていくかを決定することは，経営者の重要な意思決定問題となる。このとき，ますます多様化する選択肢の中で，最適性の判断は特に難しい。したがって，経営者にとっては，現在のアクティビティの組合せがどのくらい最適な状態に近いのか，すなわち，ケイパビリティをどのくらい有効に活用できているのか，を評価・判断する道具が必要なのである。そして，場合によっては，現行の組合せ方をさらに改善するアイデアを思考する土台が求められる。補完性は，1＋1が2より大きくなるというときの付加価値のようなものであり，その発生の度合いはケイパビリティの有効活用の度合いと考えることができる。本書は，それらの課題に応用可能な思考のプラットフォームを，さまざまなタイプの補完性をその発生の仕方に基づいてシステマティックに分

類・整理することによって，構築する。

第1章では企業の補完性分析を理解する。発生の仕方に基づいた分類だけでなく，企業の補完構造を視覚化する方法も示す。この章の結果は，渡部直樹名誉教授と谷口和弘教授とともに進めてきたスーパーモジュラー研究に基づいている。第2章では補完性分析の理論的背景を理解する。補完性の数学的定義からはじめ，より繊細な思考を可能にするために概念間の関係や特性などを数学の理論として理解する。この章の結果は，トプキス，ミルグロム，ロバーツらにより創始された補完性の理論研究の枠組みに含まれるものである。第3章ではゲーム的状況に関連した数理を理解する。企業の活動は社内も社外も相手のある状況がほとんどである。ゲーム理論はそうした複数のプレイヤー間の同時最適性を扱う学問であるが，本書では，補完性分析の観点から重要なゲームに限定して理解を深める。

本書の商学研究叢書の形での刊行は慶應義塾大学商学会の出版補助によるものです。私がライフワークとしてきた研究の成果をこのような形で世に出すことができ，深く感謝いたします。出版に際しては，慶應義塾大学出版会の近藤幸子さんにたいへんお世話になりました。ありがとうございました。

　これまでいっしょに研究をさせていただいてきた渡部直樹名誉教授と谷口和弘教授には多くのことを教えていただき，また，平素から知的刺激や激励を多々いただいています。小宮英敏名誉教授には数学に関してアドバイスをいただくだけでなく，私の研究をいつも温かく見守っていただいていました。慶應義塾大学商学部の3人の先生方に対して，心より感謝しています。そして，数学の美しさを教えていただき，また，新しい理論をいっしょに創造する高揚感を最初に味わわせていただいた東京工業大学の高橋渉名誉教授への感謝は，とても言葉で言い尽くせるものではありません。本書で，そのとき感じた高揚感が発生する背景を解明できていれば，少しは先生への恩返しになるのではと思っています。企業経営に関しては，福島一隆社長からこれまで多くの教えを受けて

きました。ここに感謝の意を表します。

　最後に，私事ながら，ずっと支え続けてくれた妻にありがとうと言わせてください。

　2020 年 8 月

木戸　一夫

目　次

第1章
補完性分析

1.1　補完性の定義

この章の目的は企業に対して補完性分析をすることである [*1]。補完性分析では，補完性を企業に利益をもたらす重要な源泉と考え，対象とする企業およびその周辺における補完性の配置や補完性を維持・強化するための仕組みを明確にすることにより，利益発生の本質的側面を理解し，その知識を企業経営に役立てようとする。すなわち，企業内部および周辺において発生する補完性のコントロールが重要な経営課題であると考えている。そのためには，企業内部から周辺にわたり，どのような企業の活動が連鎖しているのか？それに伴い，どのような資産が必要になり，それがどう変化していくのか？それらの連鎖・分岐・合流の中のどこに補完性が発生しているのか？といった問いを検討する必要がある。したがって，補完性とは何かを理解するためには，まず，企業の資産および活動を一般化したケイパビリティとアクティビティという2つの重要な概念を理解しておく必要がある。そのあと，本書における補完性の定義を示したうえで粗い分類をしておく。

[*1]　この章の内容は，木戸＝谷口＝渡部［34, 35］を基にしている。概念的には大きな変更はないが，用語等はいくつか変更されている。

1.1.1 ケイパビリティとアクティビティ

企業の活動を一般に**アクティビティ**という。アクティビティには，それを実行するために必要なものと，実行した結果として発生するものが付随する。それらを一般に**ケイパビリティ**という。ケイパビリティにはいろいろな種類がある。例えば，人に固有なものとして，すなわち企業が活用するものとして，能力（リーダーシップ，マネジメント力も含む），情報，技術，暗黙知，経験，士気などがあり，また，人と独立なものとして，すなわち企業に属すものとして，資金，土地，建物，設備，素材，部品，商品 *2，情報，技術，マニュアルなどや，企業内のさまざまなレベルでの制度（人材採用・育成，評価・報酬，昇進・解雇，情報共有に関するものなど）がある。また，明文化された社是や経営方針，明文化されていない組織文化などもある。それらすべてのあり方が企業のある瞬間の**状態**を定め，アクティビティがその状態を**変化**させる。

企業の分析に際し，事前には分析対象となるケイパビリティおよびアクティビティを限定すべきではない。それゆえに，一般的な枠組みから出発するのだが，その一方で，補完性分析の目的は企業のすべての活動を完全・精確に記述することではない。目的は，（一般化された意味の）ビジネスモデルの構造を一目で俯瞰できる絵を描き，そこからビジネスに関する新しいアイデアを創出することである。そのためには，補完性の観点からみて重要なアクティビティとケイパビリティを中心として，必要に応じて，補助的なアクティビティやケイパビリティなどを追加する形で補完性分析を進めることが適当である。では，どのようなアクティビティないしはケイパビリティに目をつけると分析を素早く進めることができるだろうか？　このような問いを考えるために，ケイパビリティ

---

*2　本書では，顧客に対してケイパビリティを提供するものを**商品**とし，アクティビティを提供するものを**サービス**とする。ここで，サービスといえるアクティビティは，顧客のケイパビリティもアクティビティの実行に必要なものとして含むことに注意する。もしそれが含まれないならば，それはサービスではなく，何かしらのケイパビリティの提供の形になるはずである。

の分類の重要さが今後増してくる，と考えている。例えば，ケイパビリティに
は，容易に複製可能なデジタル財から伝承困難な技能やセンスまで，さまざま
な複製可能性の水準がある。1つのケイパビリティを排他的ではなく同時的に
使用できたり，あるいは，1人ではなく大勢の人が使用できたり，多くのアク
ティビティで使用できたりすれば，ケイパビリティを活用する選択肢が増える
ので，追加的利得が発生しやすいと考えられる。また，デジタル財のように利
用量を拡大しても追加コストがほとんど発生しない（ただし，その分，ケイパ
ビリティのセキュリティコストは増大する）ケイパビリティには追加的な利得
が発生しやすい性質があり，その有無や活用の仕方はまず第一に調べる価値が
あるだろう。ここでは，抽象度と共有度の2軸による簡単な分類をひとつのア
イデアとして示しておく（3.1.3の脚注 *2 も参照）。

次に，アクティビティを考える必要性を示す。そのために，経済学における生
産関数の概念に立ち返ろう。ミクロ経済学において，生産関数は，（労働力，原
材料，資本）という一組のインプットに対して，生産物というアウトプットを
対応させるものである。想定されている関係性では，与えられたインプットの
組に対して，実現可能なあらゆる操作を経て得られる目的生産物の生産量のう
ち最大のものを値とする。しかしながら，その対応は理想的なものであり，現
実には，経営者が，すべてのインプットの組に対して最適な操作の組合せを明

確に知っている，ということはほとんど期待できない [*3]。したがって，経営者
の仕事の重要なひとつは，取引や生産を行うためのより効率的なシステムを考
え，それを実装することである。そのためには，最終的な財やサービスを生み
出すプロセスを記述し，それらをパフォーマンスの観点から比較し，評価する
ことが必要となる。そして，プロセスを分析対象とするためには，ケイパビリ
ティに加えてアクティビティを前面に出す必要があるのである。

　ここで，ケイパビリティの一般性に関する注意を補足しておく。生産関数の
インプットとしてあげた労働力，原材料，資本は，その名称自体は象徴的なもの
であり，それぞれの中にさまざまな要素が含まれている。その中には，企業が
有する知識，スキル，経験，ルーティン（Langlois = Robertson [43], Loasby
[46], Penrose [61], Richardson [66]）といった知的資産も入るべきである。
そこで，ケイパビリティという用語を，意思決定主体の能力・容量といった一
般的な意味を越え，企業が保有していると考えられるこれらすべてを含んだ包
括的な概念として使用するのである。この一般化により，企業のある時点にお
ける状態を，必要に応じて詳細さのレベルは異なろうが，（その時点で保有され
ている）ケイパビリティ達の組として普遍的に捉えることが可能になる。

　同様に，生産のための操作も一般化して考え，企業の価値創造や価値獲得に
とって不可欠となるあらゆる種類の企業の活動を包括的に表す用語としてアク
ティビティを用いる。すなわち，ケイパビリティとアクティビティを対をなす
包括的概念として用いる。両者の関係は，ストックとフローの関係の一般化で，
ケイパビリティ（達の組）が状態を表したのに対し，アクティビティは状態を
変化させるものを表す。すると，企業の内部は，数多くのアクティビティの連
鎖・分岐・合流によって，初期のケイパビリティ（達の組）が次々に変化して
いき，最終的な商品やサービスの提供に至る，というプロセスとして理解され

---

*3　ここでは，アクティビティの全体的配置が問題となる。1.3.5 で比較するように，同じ
　　業界に属し，同じように高い利益率をあげている企業の間で，内部のケイパビリティや
　　アクティビティの構成は大きく異なりうる。

る *4。

　ここで，企業の最適生産をケイパビリティとアクティビティの言葉で見直しておこう。企業は，自らが保有するケイパビリティから出発し，ケイパビリティによる制約のうえで実行可能なアクティビティの組合せ全体からなる集合から，もっとも効率的に最終的な商品やサービスを生成すると考えられるアクティビティの組合せを選択するはずである。さらに，最終的な商品やサービスを獲得される利益で評価するならば，もっとも大きな利益が得られるアクティビティ組を見つけることになるが，それは結局，初期のケイパビリティをもっとも有効に活用しているアクティビティ組を見つけることになるだろう。かくして，ケイパビリティの活用の度合いや付加価値の発生の度合い，という観点でアクティビティの組合せを詳しく研究することが重要である，という判断に至るのである。

　ところで，企業を分析する範囲は，生産プロセスに限定されるものではない。顧客からの需要に応えるサイクリックなプロセスや，より上位の管理・運営プロセスなどの社内プロセスにとどまらず，協力企業や顧客企業といった関連プレイヤーの領域にも及ぶことになる。なぜならば，企業が最終的に提供している商品・サービスがあったとして，それを作る過程で，あるいは，それを利用する過程で，どこにどのような付加価値が発生しているかを知る必要があるか

---

*4　この見方は，Koopmans [38] のアクティビティ分析の一般化になっている。クープマンスは，企業における生産技術の最適選択の問題として，数量化された資源ベクトル間の線形変換としてアクティビティを捉え，最終的に到達する財へのもっとも効率的なアクティビティの組合せを線形計画法の応用として求めた。本書では補完性に焦点を当てていて，それは 2 次関数的な性格をもつものであり，1 次関数である線形関係との性質の違いは大きい。また，ケイパビリティとアクティビティの関連性に関して，Sen [71] と Penrose [61] の考えにも触れておくと，センは，人のケイパビリティを，その人が所有する財を活用してその人が成しうることの全体からなる集合によって定義した。ペンローズは，企業がもつ資源というケイパビリティを潜在的なサービス（本書のアクティビティに相当）の束と捉え，生産プロセスに関わるサービスを選択する企業の能力に着目した。2 人の考え方は，ともにケイパビリティをそれを活用して実行可能となるアクティビティ全体からなる集合を通じて捉えるもので，ケイパビリティとアクティビティに対する相補的な捉え方として，本書の考え方と一致するものである。

らである。もし，自社の商品を源泉として社外に多大なる付加価値が発生している場合，それが自社の利益に十分につながる仕組みの確立が課題になるだろう。また，他のプレイヤーとの関連においては，利得関数の違いから，一般にはゲーム的状況が発生するのであり，双方に満足をもたらすような仕組みの安定性が課題になる。このような経営上避けがたい課題を統一的に考えるためには，企業の周辺まで含めて，全体的な活動状況をまとめて捉えておく必要があるのである。

　先に触れた上位の管理・運営プロセスの課題としては，ケイパビリティの向上や新たなアクティビティの創造のために，各所で発生する情報資産を蓄積し，全社的に活用する仕方を定める（一般的な意味での）情報システムの設計と実装がひとつの重要な例となろう。この例も含めて，企業の成長（Penrose [61]）やダイナミックケイパビリティ（Teece [78,79]）に関連した仕組みが，上位の管理・運営プロセスの中に含まれるべきである。これらの仕組み全体を考えるということは，Teece [78] でも触れられているような（広義の）ビジネスモデルを考える，ということにほかならないのである。すなわち，本書におけるビジネスモデルは，当該企業とその周辺における現状の，あるいは，目標とする，ケイパビリティとアクティビティの連鎖構造（あるいは，アクティビティシステム [63,64,91]）にとどまらず，その連鎖が十分に機能するために，働く人のやる気を維持・向上させる仕組みや，変化する環境の中で当該企業のビジネスを維持・強化・発展・変革させていくための仕組み，といった高階ケイパビリティまでを，必要に応じて，含んだ概念なのである。

1.1.2　補完性

同じケイパビリティを与えられたとき，それらをより有効に活用したとき，より多くの利益がもたらされる。この効率性をケイパビリティの活用の仕方を表すアクティビティを用いて定式化したものが本書で考える補完性である。2 つのアクティビティを アクティビティ$_1$ と アクティビティ$_2$ とし，それらの実行

水準を x_1 と x_2 で表す。この水準は，¦実行しない，実行する¦，あるいは，¦実行しない，少し実行する，かなり実行する¦ といった離散的な場合，非負実数値といった連続的な場合，あるいはさらに一般的な場合がある。本章では，簡単にするため，実数値で表される，とする。われわれは企業の補完性分析を念頭においているので，その企業にとっての**利得** [*5] を目的関数の値とし，その増え方に着目する。極端な場合では，

> アクティビティ$_1$は実施しないときに，
> アクティビティ$_2$を実施することによる利得の増加
> $\leq$
> アクティビティ$_1$を実施しているときに，
> アクティビティ$_2$を同時に実施することによる利得の増加

という関係が成り立つとき，より一般的には，$x_1' \leq x_1''$，$x_2' \leq x_2''$ として，

> アクティビティ$_1$を x_1' で実行しているときに，
> アクティビティ$_2$の実行水準を x_2' から x_2'' に増加させることによる利得の増加
> $\leq$
> アクティビティ$_1$をより高い実行水準 x_1'' で実行しているときに，
> アクティビティ$_2$の実行水準を同様に x_2' から x_2'' に増加させることによる利得の増加

という関係が常に成り立つとき，アクティビティ$_1$ と アクティビティ$_2$ は**補完的である**，あるいは，**補完性をもつ**，という。また，定義式における両辺の差（正確には，右辺の値 − 左辺の値）を**補完性の利得**（通常，プラスアルファといわれる部分）という。

例えば，手をたたくとき，右手と左手を同時に動かす。この動きを，右手アクティビティと左手アクティビティに分けて考えよう。2 つのアクティビティを同時に実行すれば，手が合わさって音が出る。しかし，右手だけを動かしたときは，手は空を切るだけである。この場合，音を出すことが目的であるので，左手を止めたまま右手を動かしても音は出ず，利得の増加は無駄に手を動かした

[*5] あとで触れるように，企業の利益をかなり柔軟に考える必要があるので，原則として，利益の代わりに利得という言葉を使う。

分だけマイナスの値になるのに対して，右手を動かすと同時に左手も動かせば
目的が達せられるので，利得の増加はトータルで考えてプラスの値になる，と
考えられる。すなわち，この状況は，上記の定義による補完性の例になってい
る。振替伝票の形で対比させると次のようになる。

右手アクティビティのみ実行

右手：胸	右手：右
（左手：左）	（左手：左）
	右手の移動エネルギー
	移動ロス（＝ー移動エネルギー）

右手アクティビティを追加的に同時実行

右手：真ん中	右手：右
（左手：真ん中）	（左手：左）
拍手の音	右手の移動エネルギー
	拍手の価値ー移動エネルギー

　最初の伝票の剰余項（右下にある移動ロスの部分）は，左手アクティビティ
を行わないとき，右手アクティビティを行うことによる利得の増加分（実際の
値はマイナス）を表し，2 番目の伝票の剰余項は，左手アクティビティを行う
ことを前提として，同時に行う右手アクティビティの実行に係る利得の増加分
を表す。後者の増加分のほうが，正の利得があると考えている拍手の価値の分
だけ大きくなっていて，補完性の定義式が満たされていることが確認される。

ここでは，表現の複雑化を避けるために，次にあげる細かい注意点を明示して
いないことを注意しておきたい。次節以降の議論は，厳密にいえば，以下の条
件が満たされている場合にのみ有効になる。
　まず第 1 に，補完性は，何を利得と考えるかに依存した概念である，という
ことである。通常は企業の経常利益を利得として分析することが多いだろうが，
将来的な利益や精神的利得も加味して考えたり，とりあえずコストは加味せず

に考えたり，あるいは逆にコスト面のみに着目したり，分析の目的に応じて柔
軟に考えることが許される。ただし，どのような利得に基づいて分析している
のかを明確にし，分析を通じて首尾一貫したものにしておく必要がある。

　第2に，どんなアクティビティ（の組）を変数と考えているか，という点にも
注意が必要である。もし，企業全体の利得を問題にしているならば，それに関
わるアクティビティは，独立変数と考えられるアクティビティのすべてになる
はずである（この場合，大域的な補完性が考えられることになる）。またもし，
その中のいくつかのアクティビティに特定して考えるならば（この場合，局所
的な補完性が考えられることになる），他の独立なアクティビティは実行水準が
一定で変化しない，という状況を考えることになる。すると，2種類の局所的
な補完性に同時に着目したとき，場合によっては，想定している状況間に整合
性がない，ということも発生するかもしれない[*6]。全体的な補完構造を厳密に
考察する際には，アクティビティの許容可能な実行水準を定める制約集合を設
定するなどして，全体的な整合性に配慮する必要がある[*7]。（補完性の大域性
と局所性に関しては，1.2.5においてあらためて取り上げる。）

　第3に，利得関数は，企業内部のアクティビティだけでなく，外部環境（特に

[*6]　人工的な例で説明を加えてみよう。3つのアクティビティの実行水準 x, y, z を変数とする
実数値関数 $f(x, y, z)$ を考える。関数の定義域は $(0, \infty) \times (0, \infty) \times (-\infty, 0) \bigcup (-\infty, 0) \times$
$(0, \infty) \times (0, \infty)$ とし，定義域上の任意の (x, y, z) に対して関数値は $f(x, y, z) = -xyz$ で
あるとする。このとき，任意の $\bar{z} < 0$ に対して，$f(x, y, \bar{z})$ は $(0, \infty) \times (0, \infty)$ 上で (x, y)
に関して補完性をもち，また，任意の $\bar{x} < 0$ に対して，$f(\bar{x}, y, z)$ は，$(0, \infty) \times (0, \infty)$
上で (y, z) に関して補完性をもつ。しかし，2つの補完性（本文中の局所的な補完性に
相当する）が同時に成立することはない。

[*7]　これも人工的な例で説明を加えておこう。今度は，定義域を R^3 として，関数
$f(x, y, z) = xyz$ を考える。このとき，任意の $\bar{z} > 0$ に対して，$f(x, y, \bar{z})$ は，$R \times R$
上で (x, y) に関して補完性がある。(y, z)，(x, z) に関しても同様。関数 $f(x, y, z)$ を
制約集合 $(0, \infty) \times (0, \infty) \times (0, \infty)$ 上で考えれば，すべてが両立する。ここで，補足
的な注意として，補完性には推移律は成立しないことを指摘しておく。R^3 上で関数
$f(x, y, z) = xy + yz - zx$ を考えればわかるように，任意の $\bar{z} \in R$ に対して，$f(x, y, \bar{z})$
は (x, y) に関して補完性をもち，任意の $\bar{x} \in R$ に対して，$f(\bar{x}, y, z)$ は (y, z) に関して補
完性をもっても，$\bar{y} \in R$ の値に依らず，$f(x, \bar{y}, z)$ は (x, z) に関する補完性はもたない。

市場）にも依存していることを意識しておくことは重要である。すなわち，同じ仕組み（ビジネスモデル）であっても，国や市場が変われば補完性の有無は異なりうる*8，ということであり，企業の内部構造に対する補完性分析といっても，理論的考察の宿命として，実際上は，分析に組み込まれていない外部環境も暗黙の変数として影響を及ぼしうるのである。

さて，本書では補完性の分類・整理を示すが，その第一段階として，まず，補完性の粗い分類を次のように定める。アクティビティ$_1$ と アクティビティ$_2$ が同一プレイヤーに係る相異なるアクティビティであるとき，それらのアクティビティ間の補完性を**相互補完性** [49]（**エッジワース補完性** [52,54]*9 という場合もある）という。反対に，アクティビティ$_1$ と アクティビティ$_2$ が同一のアクティビティを指している場合，そのアクティビティに関する補完性を**自己補完性** [30] という。この場合，定義式は，$x_1' \leq x_1''$ として，

> アクティビティ$_1$を x_1'で実行しているときに，
> アクティビティ$_1$の実行水準を x_1'から$\epsilon(> 0)$ 増加させることによる利得の増加
> $\leq$
> アクティビティ$_1$をより高い実行水準 x_1''で実行しているときに，
> アクティビティ$_1$の実行水準を同様に x_1''からϵ増加させることによる利得の増加

と言い換えられる。次に，アクティビティ$_1$ と アクティビティ$_2$ が，互いに異なるプレイヤー（企業，人など）のアクティビティのとき，2 つのアクティビティが，一方のプレイヤーの利得に関して相互補完性があるとき，その補完性を**戦略的補完性**（Bulow = Geanakoplos = Klemperer [11]）という。また，両プレイ

---

*8　アクティビティや相互作用の文脈性に関して Porter = Siggelkow [64] も参照のこと。
*9　Edgeworth [15] では，生産物の間の補完性，すなわち，より一般的にはケイパビリティ間の補完性，が考えられていた。そこでは，補完的な生産物を定める際に品物の生産（production of one article）による影響を通して考えているので，アクティビティを意識していたとは思われるが，より明確にアクティビティに関する補完性概念を定式化したのは Milgrom = Roberts [50] で，それ以降，生産物だけではなく，アクティビティや決定変数，パラメータの間の補完性も考慮されるようになった。

ヤーのそれぞれの利得に関して同時に相互補完性がある状況を**スーパーモジュラーゲーム**という [*10]。

　以上の分類を次節においてさらに細分化するために，われわれはアクティビティとケイパビリティの絡み合い方に着目する。経済学や経営理論ではさまざまなタイプの経済性や経済効果が論じられてきた。その中でも本書では，規模の経済，範囲の経済（Panzar = Willig [59], Baumol = Panzar = Willig [8]），シナジー効果（相乗効果），（プラスの）ネットワーク外部性由来の効果（Leibenstein [44]）といった経済性をアクティビティに関する補完性の枠組みで捉え直す。すなわち，補完性の細分化された分類の中で，上述の経済性や効果を適切に位置付けることにより，既存のさまざまなタイプの経済性を包括しうる補完性の分類を提示する [*11]。

　この分類を明確にすることにより，企業に利益をもたらす仕組みを，企業内部および周辺に発生する補完性の認識を通じて理解し，必要があれば，その仕組みを改善するアイデアを提起する，という補完性分析の実施が容易なものとなる。また，この分析のための用語を定めるだけでは不十分であり，補完構造の全体的配置を視覚化することが有効であると考える。補完性分析では，企業境界周辺部にも及ぶアクティビティの連鎖や補完性の発生を同時に扱うことに

[*10] 厳密には，自らのアクティビティに関するスーパーモジュール性も必要であるが，利得が当該アクティビティのみから定まると考えてよい場合は，アクティビティの実行水準は実数値とする，という仮定のもとでは，それは自動的に満たされる。正確な定義は 2.3 を参照。

[*11] ただし，例えば，規模の経済と範囲の経済は，従来，生産関数あるいは生産コスト関数を通じて定義されてきたので，ケイパビリティ間の補完性と考えることが適当である。特に，そこでは，生産プロセスにおけるアクティビティが連鎖する構造は未知のままである。したがって，特定のアクティビティ間の補完性に特化する本書の取扱いとは，埋めがたいギャップが存在することは確かである。そこで本書では，その概念において捉えようとした本質がまったく異なったものにならない限りは，場合によっては含意するものにズレが生じうることは承知のうえで，既存の経済性を関連付けていることを注意しておく。また，シナジー効果という用語は，さまざまな種類の効果に対して用いられており，厳密な定式化が成されるには至っていない。

より，企業全体としての整合性やバランスをも扱おうとしている *12。その広
さゆえに，ケイパビリティとアクティビティが連鎖する構造や，特に補完性の
構造を，1 つの図の中にまとめて視覚化することにより，ビジネスモデル全体
を鳥瞰できることが価値をもつ。ビジネスモデルを 1 つの図にまとめて操作可
能なオブジェクトにすることにより，経営上の改善プランを検討することが容
易になり，意思決定のための強力な言語が得られることになる。特に，ダイナ
ミックケイパビリティに関連して，既存のビジネスモデルを再構成することの
メリット・デメリットを分析する際の助けとなろう。あるいは，より一般に，現
代経営の文脈で良好なパフォーマンスを実現するうえでますます着目されつつ
あるビジネスモデル（Amit = Zott [1], Zott = Amit = Massa [92]）の効率性の
比較・検討も容易なものになるだろう。

　また，最適性の判断に向けた情報も忘れてはならない。クープマンスが考え
た線形計画法によるモデル化 [38] と異なり，補完性が関連した問題は本質的に
非線形な問題で，計算で最適解が求まることは少なくとも現段階では期待でき
ない。それゆえに，考えているビジネスモデルがどのぐらいケイパビリティを
十分に活用しているのか？十分に補完性が発生していると考えられるのか？も
はや改善の余地はないのか？といった問いに関する思考をサポートするツール
として，ビジネスモデルの視覚化は経営の現場において意味をもつはずである。

1.2　補完性の分類と視覚化

補完性はアクティビティに関して定義されるが，すべてのアクティビティはケ
イパビリティからケイパビリティへの変換であるので，ケイパビリティも含め
た視覚化を考える。これにより，補完性の利益の源泉を議論することも容易に
なる。例えば，多人数で同時利用可能な情報資産の共有度を高めれば，フォー

---

*12　この発想は，ポーターの activity–system map [63] と同様である。

ク補完性（範囲の経済）が発生しやすくなるであろう。ただし，企業内のすべてのケイパビリティを正確に捉えることは不可能であるし，企業に関わるすべてのアクティビティを記述しつくすことは不可能である。また，少なすぎる情報は役に立たないが，多すぎる情報も全体を見えにくくしてしまう。本質的なアクティビティのみに着目し，ざっくりと俯瞰することにより，ビジネスモデルの構造が見えてくる。その結果，環境変化が生じた際の改善提案など，アイデアもわきやすくなる。

コア・アクティビティ ＝利益をあげ続けるためにもっとも大事なアクティビティ

コア・ケイパビリティ ＝コア・アクティビティ実行に必要なもっとも大事なケイパビリティ

補助的アクティビティ ＝コア・アクティビティを強化するためのアクティビティ

と定めるならば，ビジネスモデルの視覚化には，コア・アクティビティと，それと表裏一体となっているコア・ケイパビリティの視覚化がポイントになる。ただし，何がコアかは事前にわかっているものではなく，全体を視覚化し，当該企業のビジネスモデルの本質を正しく理解したとき，同時に定まるもの，と考えるべきである。

　1.2.1 で視覚化の基本的な考え方を示し，1.2.2 以降で，アクティビティの連鎖・分岐・合流によってケイパビリティ（組）が変化していく中に出現しうる補完性のパターンを，ケイパビリティとアクティビティの関わり方およびプレイヤー間の関係性に応じて細分する。同時に，その発生状況を視覚化する方法を定める。規模の経済，範囲の経済，シナジー，ネットワーク外部性といったさまざまな経済性や効果との関係にも触れるが，先に触れたように，捉えられている概念に多少のズレがあることには注意しなければならない。また，特徴的な性質をもつアクティビティの連鎖構造を構造体として何種類か定める。その中で，追加的利益を生み出す補完性を強化するという，利益を追求する企業ならば自然にとるであろう行動（Penrose [61]，数理モデルによる取扱いの例

は Milgrom = Roberts［52］など）も扱う。2.4 の補完性の拡大では，この行動
を数理モデルとして詳しく扱う。

1.2.1　アクティビティの視覚化

Ω を分析対象の企業がもつあらゆるケイパビリティの値の組合せの全体からな
る集合とすると，その企業のある時点での**状態**は $\omega \in \Omega$ で表される。企業にお
けるアクティビティは，状態から（新たな）状態への写像であり，Ω 上の**変換**
（あるいは**作用**）である，と考えることができる。すなわち，

$$\text{アクティビティ} : \Omega \longrightarrow \Omega, \text{状態}_1 \longmapsto \text{状態}_2$$

という関係である。状態は無限種類のケイパビリティの値の組で構成されてい
るが，その中で，特に主要なケイパビリティの変化がある場合，簡略表現とし
て，例えば，ケイパビリティ$_1$ と ケイパビリティ$_2$ から，アクティビティにより
ケイパビリティ$_3$ が生成された，という言い方をする。これを

$$c \xrightarrow{\ a\ } c'$$

と視覚化する[*13]。ただし，a はアクティビティを，$c = (\text{ケイパビリティ}_1\text{の値},$
ケイパビリティ$_2$の値) と $c' = (\text{ケイパビリティ}_3\text{の値})$ は当該アクティビティに
関して主要なケイパビリティの値の組を表す。以降の図式において具体的な名
前がついたケイパビリティも出てくるが，基本的には，それは，関連したケイ
パビリティ組を代表した名称であることに注意しなければならない。以下では，

[*13]　これは，企業内の活動実態を捉えるための一般化した簿記と考えることができる。視
覚化した図式は，簿記の表現をすると，

$$\frac{a}{c' \mid c}$$

と表され，アクティビティ a を行うことにより，ケイパビリティ c がケイパビリティ c'
に変化する（あるいは，変化した），ということを意味する。ケイパビリティの各要素を
金額換算したものが，簿記の振替伝票に相当する。

ケイパビリティという用語を，ケイパビリティの組である場合も含めた意味で用いる。アクティビティに関しても同様である。

次に，アクティビティの連鎖によりケイパビリティが変化していく様は，例えば，

$$c \xrightarrow{\ a\ } c' \xrightarrow{\ a'\ } c'' \longrightarrow \cdots \longrightarrow$$

と視覚化される。これは，アクティビティの逐次的進行の例であるが，実際には，複数の流れが同時進行する場合もある。1つのケイパビリティに関連するアクティビティが複数存在する場合には，流れが枝分かれしたり合流したりする，という形にもなる。この分類を利用することにより，枝分かれの部分で発生する補完性と合流する部分で発生する補完性の区別が可能となり，より深い分析への道が開かれるのである。

次の図は，商品を製造・販売する企業の活動の骨格を図示したひとつの例である（図の細かい説明はここではしない）。ものを売る以上，それは顧客が求めているものである，という需要サイドを表すのが図の上半分の流れである。企業がその販売を継続している以上，他の企業より優位性があるはずである。すなわち，より高品質・高機能な商品を提供していたり，あるいはより低価格で提供していたり，という供給サイドにコアな部分があるのが普通である。この部分を表すのが図の下半分の流れである。例えば低コストで製造するノウハウをもち，それを実装した専用の設備を自社開発し，その設備による低コスト生産が競争優位の源泉であれば，企業がもつ技術，特に生産技術，がコア・ケイパビリティとなり，専用設備の開発がコア・アクティビティとなる。

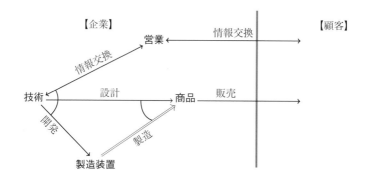

サービスを提供する企業の場合は，1.1.1 の脚注 *2 で分類したように，本書におけるサービスはアクティビティであるので，それを図示すると *14，

となる。しかし，簡略化のためと，商品提供の場合と扱いを揃えるために，

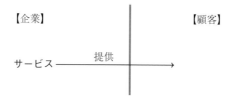

という視覚化もすることにする。

---

*14　実際には，本書の定義によるサービスを提供する際は顧客のケイパビリティも投入物として必要になるが，それは見やすさのために視覚化していない。

1.2.2 単一のプレイヤーに係る補完性

このあと，補完性をさらに細かく分類する。同時に，ケイパビリティとアクティビティによるビジネスモデル視覚化において，それぞれの補完性のパターンを表す図式法を定める。以下において，I は 1 つのアクティビティを表す [15]。

まず，単一プレイヤーに関する原子的（atomic）な補完性を 3 種類定める。自己補完性と 2 種類の相互補完性である。相互補完性は，ケイパビリティとアクティビティの関わり方によって，2 種類に細分される [16]。

自己補完性： I^2

単一のアクティビティに関する補完性，すなわち自己補完性，を記号 I^2 で表す。視覚化においては，次の図式で表す。

$$\xrightarrow{\quad アクティビティ \quad}$$

　例えば，標準品の大量生産のように，研究開発および生産設備に必要な資金が原材料費に比べて相対的に高いとき，稼働水準の上昇につながるアクティビティは平均コストを大幅に低下させ，競争力を高める。さらに，稼働水準の上昇に従属して発生する原材料の購入量増加に付随して，原材料の単価が低下するならば，仕入れ単価低下によるコスト低下分が追加的な利益となり，自己補完性の例となりうる。アクティビティで捉えた規模の経済と考えられるが，平均コストの低下以上のものが要求されるので，かなり強い意味の規模の経済に相当する。

---

[15] 必要に応じて，I の代わりに具体的なアクティビティ名を使用してもよい。

[16] それ以外の，異なる 2 つのアクティビティの関係の仕方として，

$$\xrightarrow{\quad アクティビティ_1 \quad} ケイパビリティ \xrightarrow{\quad アクティビティ_2 \quad}$$

もありうる。この関係においては，ボトルネックの解消，アクティビティの連携，あるいは，ケイパビリティの有効活用，という意味での補完性がある場合も多い。しかしながら，このタイプの補完性は常にありうるので，特別な取扱いはしない。

　以上とはまったく別種の自己補完性の例になりうるものとして，正のフィードバックに基づいた収益逓増（Arthur [6]）がある。これには 1.2.4 で触れる。

フォーク補完性：(I, I)

相異なる 2 つ以上のアクティビティに関する補完性，すなわち，相互補完性をもつときで，各アクティビティが共通のケイパビリティに依存している場合，この補完性をフォーク補完性といい，記号 (I, I) で表す。ここで，2 つの I は，それぞれ 1 つのアクティビティを表している [*17]。視覚化においては，次の図式で表す。

　例えば，ケイパビリティの中には，デジタル化された技術や知識のように，いったん確立されたあとは，使用しても消耗することがなく，また，いくらでも同時に使用できるものがある。同じ新技術を同時に応用できるような 2 種類のアクティビティを行えば，技術開発コストの節約分が相互補完性の利益となりうる。

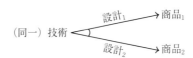

　これは，アクティビティで捉えた範囲の経済 [59] と考えられる。
　また，スターバックスの直営方式が一等地への出店と集中出店を支えているように，その制度の存在，すなわち，特定の制度的要素 [20] を企業のケイパビ

---

*17　必要に応じて，各 I の代わりに具体的なアクティビティ名を使って，(アクティビティ$_1$, アクティビティ$_2$) のように記してもよい。また，3 つ以上のアクティビティが続く場合は，$(I, I, \cdots, I)$ などと記してもよい。

リティとしてもつことが多くのアクティビティを同時に可能にする，という場合もある。

マージ補完性：$I \cdot I$

相異なる 2 つ以上のアクティビティに関する補完性，すなわち，相互補完性をもつときで，それらのアクティビティが合わさることにより 1 つのケイパビリティを生成している場合，この補完性をマージ補完性といい，記号 $I \cdot I$ で表す。ここで，2 つの I は，それぞれ 1 つのアクティビティを表している [*18]。視覚化においては，次の図式で表す。

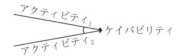

　複数のアクティビティがコーディネートされている状態であり，複数のアクティビティによる相乗効果あるいはシナジー効果の一形態といえる。また，ポーターの適合性（fit）[63] もこのタイプの補完性である。例えば，製品ラインを拡大して多品種少量生産をする，というアクティビティを実施しようとするとき，同時に，フレキシブル製造装置を導入し，生産をフレキシブルにする，というアクティビティを実施しなければ，生産効率は段取り替えコストの増加のために著しく低下してしまうだろう。両アクティビティを同時に進めることにより，数多くの変種をもつ商品ラインを相対的に低コストで提供するケイパビリティをもちうる。このコスト節約が可能になった場合，節約分が相互補完性の利益となる。ただし，そのためには，多品種ラインが消費者の好みに合致していて，企業の利益の増加につながっている必要がある。

---

*18　必要に応じて，各 I の代わりに具体的なアクティビティ名を使って，アクティビティ$_1$・アクティビティ$_2$ のように記してもよい。また，3 つ以上のアクティビティが続く場合は，$I \cdot I \cdots I$ などと記してもよい。

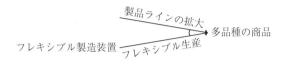

このパターンの変種として**希少性**がある。ライバルの商品と比較したとき，顧客の要望により即した特性を独自なものとしてもたせることができれば，市場において，（そういう要望をもつ顧客にとっては）商品は差別化されたものになり，激しい価格競争から解放される（いわゆる，ブルーオーシャン［36］という状況になる）。したがって，顧客の需要がある範囲において，顧客が望む特性を同時に多数もち合わせる，という意味の希少性を増加させるためのアクティビティを相対的に低コストで実現できれば，より高い利益につながるはずである。

1.2.3　２人のプレイヤーに係る補完性

次に，プレイヤーとして自分と相手（典型的には，自社と他社）の２人がいて，その間に戦略的補完性がある場合を扱う。戦略的補完性は，一方の利得関数に関してだけ存在する場合と，双方の利得関数に関して存在する場合があるが，ここでは，構造として安定だと考えられる後者の場合のみを定式化する。図式においては，例えば次の図のように，プレイヤー間には境界線を引いてそれぞれの領域を表す。（プレイヤーが３人以上いる場合でも，その中の２人ずつの組に対して補完性を考えれば十分な場合は，この枠組みで扱うことができることに注意しておこう。）

領域表示の例
（4 人のプレイヤーの例）

	【分析対象の企業】	【顧客】
	【協力企業】	【ライバル企業】

双方向戦略的補完性： $I \oplus I$

両者の利得に関して戦略的補完性があるとき，この補完性を双方向戦略的補完性といい，記号 $I \oplus I$ で表す。自分のアクティビティを a，相手のアクティビティを b で表したとき，1.1.2 で仮定したように，アクティビティ a, b の実行可能な水準の集合がともに 1 次元であれば，この 2 つのアクティビティの間の関係はスーパーモジュラーゲームになる。次に，それぞれのアクティビティが互いに相手のケイパビリティに影響を与える場合の視覚化の例を示す。

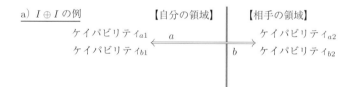

a) $I \oplus I$ の例　【自分の領域】【相手の領域】

a の例では，アクティビティ a は ケイパビリティ$_{a1}$ に作用して ケイパビリティ$_{a2}$ を生成し，アクティビティ b は ケイパビリティ$_{b2}$ に作用して ケイパビリティ$_{b1}$ を生成するものとする。もし，アクティビティ a と b がお互いのリアクションと考えられる場合などには，ケイパビリティ（組）をうまく定めることにより，

b) $I \oplus I$ の例2　【自分の領域】【相手の領域】

と表すことが適当なこともあるだろう。

　$I \oplus I$ タイプの補完性の成立は，企業と顧客との関係では，マーケティングの目標ともいえる。いったんこの関係が成立すると，通常，顧客満足の増加と企業利益の増加が同時に実現できるので，関連するアクティビティの実行可能な水準をさらに高めていくことができるならば，双方の最適行動の結果，アクティビティの実行水準は単調に増加していき（2.3 の定理 17 および 3.1.3 の最後の例を参照），関係はますます深まっていくことになる。またこのとき，互いに，相手が自分の行為に応えてくれている，と感じられるので，精神的にも高い満足感（**高揚感**）が得られるのが普通である。逆に，このような実行水準，利益水準，感情水準などの継続的変化，すなわち，**モメンタム**の発生，が観察されたならば，それは，$I \oplus I$ タイプの補完性が発生している有力な証拠になりうることを特に注意しておく。

最後に，外部性の観点からもう少し考察を加えておこう。$I \oplus I$ タイプの補完性の源泉が，それぞれの行動が互いに相手に正の外部効果がなんらかの経路で及ぶこと，であると考えられる事例は多いだろう（ただし，無条件ではないので，この点に関しては 3.1.3 を参照）。例えば，分析対象の企業が提供する商品の使用が正の外部効果をもっている場合に，2 人の顧客間に $I \oplus I$ タイプの補完性が発生する状況を考えてみよう。この商品の販売が当該企業に補完性をもたらさないのであれば，この関係は下図のように視覚化される。

c）顧客間の正の外部効果の例

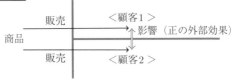

ここで，外部効果をもたらすアクティビティの中には，場合によっては無意

識になされるものもあり[19]，また，必ずしも意図されない情報発信による外部効果もある[20] ことに注意しておこう。

1.2.4 不特定多数のプレイヤーに係る補完性

プレイヤーの数がさらに多い場合で，かつ，プレイヤーの区別があまり意味をもたない場合や，グループが複数存在し，グループ間の区別と比較して，各グループ内におけるプレイヤー間の区別が相対的に重要性が低い場合を対象とする。さらに，そのプレイヤーの任意性由来の**組合せの数**のなんらかの経路による正の外部効果[21] を期待できる場合に限定する。SNSやプラットフォーム[22]などはこの枠組みの例になる。3種類に分類して考える。

ノーサイド・プラットフォーム補完性：$\{I \oplus I\}$

分類の最初は，不特定多数のプレイヤーをもつグループが1つだけ存在し，そ

---

[19] 例えば，ディズニーランドの中で，キャストがちょっとしたパフォーマンスをする，というアクティビティを実行し，それを見たゲストが思わずにっこりしたとする。その笑顔は，キャストにも，周囲にいる他のゲストにも観察され，ゲストをもてなした満足感を与えたり，楽しい雰囲気をいっそう盛り上げたりもする。それは，思わずにっこりする，という無意識のアクティビティが，外部に対する情報発信になっているからである。そこから生じる精神的満足感がプレイヤーの有益な利得になっている場合は，意識的なものはもちろんであるが，無意識のアクティビティも重要な要素となりうる。

[20] 例えば，ライバル関係の2人が切磋琢磨することにより，2人とも，1人だけでは到達しえなかったレベルまで成長する，という話は多い。競技での対戦などを通じて，おのおのが相手の努力や成果を知ることにより，次の練習では，同じことをするにしても真剣度が今まで以上に増すことによって，より高いレベルを究めることができるようになるからである，と考えられる。競合企業間においても，このような関係が築かれたとき，双方が魅力ある商品を開発・販売することによりパイが広がり，双方の利益が増加するといったこともある。このような外部効果により，ライバル関係であってもゼロサムゲームになるのではなく，双方に正の利得がもたらされる $I \oplus I$ タイプの補完性が発生する例になることもある。

[21] 外部効果の波及には，直接か間接か，あるいは，意識的か無意識的か，などを問わない。1.2.3の例cを参照。

[22] ここでは，補完性の発生を支える場，と考えている。Teece [78] も参照。

の中の任意の相異なる 2 人の間に双方向戦略的補完性が存在する場合である。
$I \oplus I$ タイプの補完性を組合せの数だけ発生させる場が提供されることになる
ので，このときの補完性全体をノーサイド・プラットフォーム補完性といい，
$\{I \oplus I\}$ という記号で表す。最初の例として，企業をプレイヤー 1 とし，顧客
が不特定多数いる場合の外部効果を考える。1.2.3 の c で視覚化した，（なんら
かの経路による）正の外部効果をもった商品を提供する例を基にして考えてみ
よう。先の例では，2 人の顧客の場合を扱ったが，今度は，顧客は不特定多数い
るとする。すると，任意の相異なる 2 人の顧客の組に対して，同じ図式が成立
することになる。この不特定多数という性質を表すために，視覚化においては，

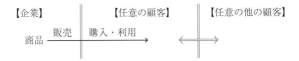

あるいは，略式に，

という図式で表す。ここで，任意性の高い相手との境界（**不特定境界**という）は
二重線で表す。

さて，商品あるいはサービスが正の外部効果をもたらす状況を，商品を販売す
る立場からみた場合，販売アクティビティは，すべての外部効果を加味した購
入者達の利益や満足の総和（この総和を商品価値と考える）で測ったとき，自己
補完性をもつ（3.3.3 を参照）。この商品価値の一定割合を企業の利益とするこ
とができれば，企業の利益に関しても自己補完性をもつことになる。このよう
なビジネスモデルの構築に成功したならば，利益が組合せの数に比例すること
になるので，規模の拡大に伴って莫大な利益を期待できるだろう。Arthur [6]

の収益逓増の概念は，この点を捉えたものといえる。

　次に，外部効果のもうひとつの例として，（商品あるいはサービスを）購入し
ようとする気持ち（これはおおよそ，購入したときに得られる満足と言い換え
ることができるであろう）が，他の人が購入している，あるいは購入しようと
していることを知ることによってより大きくなる，という場合が考えられる。
ある人のアクティビティが情報となって他の人に影響が及んでいるので，外部
効果の一種と考えられる。Leibenstein [44] はこの効果を，他の人達全体から
の影響である点を強調してバンドワゴン効果と名付けた。また定義から，自分
の購入アクティビティによる満足度は，他の人の購入アクティビティを伴うほ
ど大きくなるので，$I \oplus I$ タイプの補完性が発生する例になっている [*23]。例え
ば，有名人を広告媒体として使ったブランド品ビジネスの販売面は次のように
視覚化できるだろう。

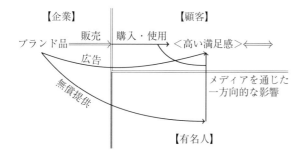

　また，より一般的に，顧客グループの中に**ブランド・イメージ**が確立され，そ
れが購買行動に影響を及ぼすと考えられる場合は，次のような視覚化が適当だ
ろう。

[*23] この種の例は広い範囲で知られていて，おいしさの感じ方も他の人達の評価に影響さ
　　れるという結果もある。一般的には，**共感**あるいは**共感性**として研究されている。Zak
　　[90] も参照。

マルチサイド・プラットフォーム補完性：$\{I\} \oplus \{I\}$

次の分類は，不特定多数のプレイヤーをもつグループが 2 つ存在し，それぞれの
グループから任意に選ばれた 1 人と，他のグループを全体で 1 人のプレイヤー
とみたときに $I \oplus I$ タイプの補完性がある場合を扱う。ノーサイド・プラット
フォーム補完性はグループ内のマッチングから発生する補完性であるのに対し，
このパターンはグループ間のマッチングから発生する補完性といえる。このとき
の補完性全体をマルチサイド・プラットフォーム補完性といい，$\{I\} \oplus \{I\}$ と
いう記号で表す。例えば，売り手集団と買い手集団のように，各グループ内で
は競合関係にあるかもしれない。視覚化においては，次の図式で表す。

【グループ 1 の任意のプレイヤー】 ‖ 【グループ 2 の任意のプレイヤー】
マッチング
⟵————————⟶

　この概念は，任意の相異なるグループ間に上記の関係がある，3 つ以上のグルー
プをもつプラットフォームへも自然に一般化される。ひとつの例として，アップ
ルのスマートフォン事業は複数のグループをもつプラットフォームになってい
て，きわめて大きな外部効果を生み出している (Hagiu [21]，Rochet = Tirole
[68]，Taniguchi = Dolan [76])。このマルチサイド・プラットフォームにおい
ては，アップル自体がスマートフォン本体・OS・基本アプリを提供する 1 つの
グループであり，ほかに，通信サービスを提供するグループ，アプリを提供す
るグループ，周辺機器を提供するグループ，顧客グループなどがある 。スマー

トフォンの相互通信機器としての側面に着目すれば，顧客グループ自体が1つのノーサイド・プラットフォームになっていて，システム全体としてみると補完性の複雑な多重構造が形成されている。こうしたプラットフォームを中心に形成されたさまざまな主体からなるシステムの成功は，囲い込みがもたらされるような強い補完性の生成がカギとなる。例えば今の例では，アップルによるスマートフォンやOSの提供なしには単独のアプリだけでは何の機能も果たせないことから，強い補完性[24]を実現したビジネスになっていることがわかる。またこのビジネスでは，各グループへの参加者を増やすことがすべてのグループの参加者に対する外部効果をさらに増大させることに直結し，それはまた競合するシステムに対する優位性を増加させることにもなる。そのためには，洗練されたブランド・イメージを確立し，それをすべてのグループに属す可能性のあるプレイヤー達の共有知識とすることが不可欠となろう。

ここで，マルチサイド・プラットフォームのもうひとつの例を考えてみよう。マッチングの対象となるグループの数が3つ以上になる場合は視覚化の方法に工夫が必要になる。ここでは，プラットフォームをまず1つのオブジェクトと捉え，プラットフォームの提供者，参加グループのすべてがプラットフォームに向けて何かしらのアクティビティを作用させ，その中でマッチングがなされる，という形で視覚化する。

---

[24] Hart = Moore［22］による強い意味の補完性の例と考えられる。本書の枠組みでは，顧客によるスマートフォン（OSは付随している）とアプリの購入を考えたとき，部分的に不合理な大域的補完構造体（1.2.5）の例になっている。

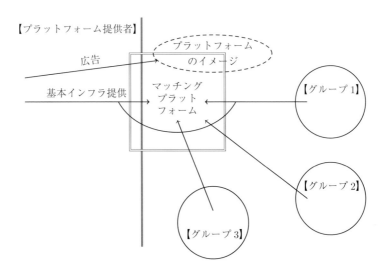

　例えば，企業グループがジョブを提供し，労働者グループが労働力を提供し，それらのマッチングをさせるプラットフォームを考えてみる。提供されるジョブはネットにつながるところならばいつでもどこでも作業できるものとすると，作業に必要となる専門能力にもよるが，多くの潜在的労働力を活性化させることができる。また，労働者がある企業と長期雇用契約を結びながら，副業として自分のやりたい仕事に挑戦できるならば，副業を許可する企業にとっても利益がある。雇用を継続しながら，やる気のはけ口を間接的に与えることになり，追加のコストをかけることなく，労働者の勤労意欲が維持されることを期待でき，また，そこでの経験が自社の仕事に役立つ可能性もあるからである。ジョブを提供する企業にとっても，労働の時間と場所の制約をなくし，十分に魅力のあるジョブを提供すれば，優秀な人材をスポット的に活用することが可能となる。以上から，このマッチングは十分な補完性を発生させる素地があると思われる。あとは，マッチングをするプラットフォームとしてどのような機能をもたせればよいか，ということが問題となる。参加者を増やすためには，セキュリティ向上を兼ねたジョブの標準化と小口化をするスライス技術がコア・ケイパビリティになるだろう。それ以外に，労働者や企業のメンバー管理，ジョ

ブ管理・精算管理，マッチング管理，クレーム管理などの基本的なインフラだけでなく，各メンバーの信用度管理，検索・マッチングのツール，ジョブ提供に関するコンサルティング・サービス，仲介サービスなどの補助的なインフラも必要になるだろう。それらすべてを一社が提供するというよりは，まず，拡張性・連携性・保守性にすぐれたプラットフォームを設計し，そこに乗せるインフラ・サービスを開発・提供する企業からなるグループをプラットフォームに参加させる形のほうが，サービスの多様性と開発スピードの点から有利になるであろう。ただし，新しいアイデアを受容するためには**寛容性**［17］がシステムに必要なケイパビリティになるが，その一方で，システムの秩序を守るためのルールを設計し運用するアクティビティも必要であり，寛容性の度合いとルールの厳しさの度合いとの間のバランスがプラットフォームのイメージを定める重要な要素となろう。この場合の図式は次のようになる。

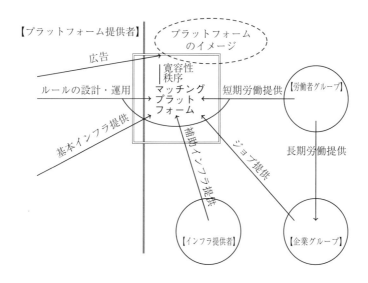

セルフ・プラットフォーム補完性：$\{I + I'\}$

不特定多数の条件から少しはずれるが，外部効果の特別な場合として，自己の

他の機会における行動（すなわち，過去における一連の行動）からの有意な外
部効果（**自己外部効果**という。**時間的外部効果**と考えることもできるし，**学習
効果**と考えることもできる）がある場合を考える。別の時点における自分をも
う一人の自分と考え，たくさんの自分がいる，と考えるとノーサイド・プラッ
トフォーム補完性と結びつきやすいだろう。現時点までの同じアクティビティ
の累積実行量（すなわち，過去の自分のアクティビティ実行水準の総和）が現
時点における実行に正の外部効果をもたらし，現時点の実行水準と累積実行量
が相互補完性をもつとき，このときの補完性全体をセルフ・プラットフォーム
補完性といい，$\{I + I'\}$ という記号で表す [*25]。（このとき，考えている利得が
アクティビティの過去からの累積実行量で一意に定まるならば，すなわち，累
積の仕方には依存しないならば，当該アクティビティは I^2 タイプの補完性をも
つ [*26]。）

　例えば，工作機械における CNC の利用は，ソフトウェアを含む知的資産の
蓄積や技術者の学習の蓄積によって利用コストが低下していく，という正の自

[*25]　時間の流れが一方向的なので，記号として $\oplus$ ではなく $+$ を用いている。

[*26]　この命題は次のように証明される。セルフ・プラットフォーム補完性の定義を式で
表すと，利得関数 $f(x,y)$ が (x,y) に関して補完性をもつ，となる。ここで，x はアク
ティビティの累積実行水準，y は新規の実行水準である。実行水準の増加分を，それぞ
れ $\Delta x, \Delta y (\Delta x > 0, \Delta y > 0)$ とすると，

$$f(x + \Delta x, y + \Delta y) - f(x + \Delta x, y) \geq f(x, y + \Delta y) - f(x, y)$$

となる。ここで，追加の仮定から，$x + y = x' + y'$ ならば，$f(x,y) = f(x',y')$ となる
ので，利得はアクティビティの累積総量 z のみで定まる。そこで，その関係を関数 $\bar{f}(z)$
で表す。このとき，最初の定義式は

$$\bar{f}(x + y + \Delta x + \Delta y) - \bar{f}(x + y + \Delta x) \geq \bar{f}(x + y + \Delta y) - \bar{f}(x + y)$$

と書き直されるので，$z = x + y, z' = x + y + \Delta x > z$ とすると，

$$\bar{f}(z' + \Delta y) - \bar{f}(z') \geq \bar{f}(z + \Delta y) - \bar{f}(z)$$

となり，z に関して I^2 タイプの補完性をもつことがわかる。したがってまた，過去の累
積量 x を既知の外生変数と考えれば，$z = x + y$ なので，y に関しても I^2 タイプの補完
性をもつことがわかる。

己外部効果をもつ。同一の CNC 利用の蓄積量が多いほど，CNC をさらに追加したときに活用可能な蓄積資産の量が多く，同じ CNC を利用するアクティビティは $\{I + I'\}$ タイプの補完性をもつと考えられる。視覚化においては，

あるいは，略式に，

という図式で表す。

　また，ブランド品由来の外部効果の特別な場合として，例えば，シャネラーやヴィトナーなどとよばれる特定ブランドに対して強いこだわりをもつ人々のように，自分の好みに合ったブランド品を購入しようとする気持ちが，自分自身の同一ブランド品の保有が多いほどより大きくなる場合がある。これも自己外部効果のひとつの例である（木戸 = 谷口 = 渡部 [35]）。

1.2.5　構造体

補完性分類の最後に，補完性分析において着目すべき，より大きな構造をいくつか定めておく。

大域的補完構造体

互いに補完的な関係をもつアクティビティの数が十分に多い[*27] とき，**大域的補完性**をもつ，あるいは簡単に**大域性**をもつ，といい，大域的補完性をもった全体を大域的補完構造体という。この状態を実現するためには，広い範囲で整合性をもつようになんらかの高階ケイパビリティがあるはずなので，次のように表す。

前項までで考えていた原子的な補完性は，対象となっているいくつかのアクティビティ以外は，1.1.2 で注意点として示したように，何か適当な実行水準に（場合によっては，制約集合に属す任意の実行水準に）固定されている，と考えている。すなわち，局所的な補完性を考えている。これに対して，大域性は多くの局所的な補完性が整合している状態である。例えば，ウォルト・ディズニーの言葉「私がやってきたことの中でもっとも重要なものは，私と一緒に働く人達をコーディネイトし，彼らの努力を決まったゴールへ向かわせることだ」に表されているような全社的なベクトルの一致性があることは，大域的補完性が実現されていることのひとつの典型的な特徴である。そのために，優れたインセンティブ設計が必要になる場合もあるだろうし，カリスマ経営者がいれば達せられる場合もあるだろう。

また，大域的補完性があるとき，互いに補完的なすべてのアクティビティを同時に実行すれば大域的な最適（**全体最適**）を達成する，というパターンが多いだろう。経営学におけるコヒーレンス（例えば，Milgrom = Roberts [51]，

[*27] すべてのアクティビティ組が，他のアクティビティ達の実行水準に依らずに補完的であればスーパーモジュラーであるが，現実的な企業活動においては，強すぎる要求といえよう。

Roberts [67] など）といわれている概念はこのタイプに近いと考えられる。こ
こで，その中のアクティビティ1つを単独で取り出したとき，そのアクティビ
ティのみの実行は部分不合理である（したがって，それが参入障壁になる）こ
とも大域的補完性の定義と矛盾することはない，ということに注意しておこう。
部分不合理を含む補完性の例として，a は単独では不合理なアクティビティ，b
はもう1つのアクティビティとして，各アクティビティの実行水準の組に対す
る利得が次の表のようになるものが相当する。

a∖b	やる	やらない
やる	2	−1
やらない	1	0

　この例では，2つ（以上）のアクティビティを同時に開始せねばならず，し
かも一方は，通常は実行を避けたいアクティビティであるので，両アクティビ
ティの同時実行に踏み切るには，相当な将来見通しと強い意志が必要となろう。
技術的には，2つのアクティビティの実行水準を x_a と x_b，それぞれの実行水
準の正の増加分を Δx_a と Δx_b とし，利得関数を $f(x_a, x_b)$ としたとき，

$$f(x_a + \Delta x_a, x_b) - f(x_a, x_b) \leq 0 \leq f(x_a + \Delta x_a, x_b + \Delta x_b) - f(x_a, x_b + \Delta x_b)$$

となる状況で，相互補完性の特殊なケースになっている。この条件は，
Hart = Moore [22] が定めた強い意味の補完性の条件の片側分に相当すると考
えられる。

高揚的構造体

1.2.3 で示したように，スーパーモジュラーゲームの状況では，一方のアクティ
ビティの実行水準を増加させると，それに対する最適応答として，もう一方の
アクティビティの実行水準も上がり，それがまた，もとのアクティビティの実
行水準をさらに増加させる，という**水準の高揚性**を伴う連鎖が発生しやすい。

アクティビティの実行水準の増加と利得の増加は必ずしも一致しないが，後者
を伴う場合，すなわち，利得上の合理性とも合致する場合，この**利得の高揚性**
をもつ状態は**正のモメンタム**をもち，長く続くことが見込まれる。このような
安定な状態をもたらす構造を高揚的構造体という。視覚化の図式においては，

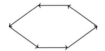

で表す。

　必ずしもスーパーモジュラーゲームになっていない場合でも，アクティビティ
の連鎖が下図のようにサイクリックになっている場合で，

それが，連鎖に絡むすべてのプレイヤーに満足をもたらしているならば，さら
に続けよう，再帰的に強化しよう，という力が全般的に働き，すべてのアクティ
ビティの実行水準を増加させていくことになる。これが関連するプレイヤーの
利得増加を伴う場合は，利得に関する正のモメンタムが発生し，高揚的構造体
の一例となる。

　この構造は，単にアクティビティがサイクルを形成するだけではなく（たい
ていの企業活動は継続性があるので，多かれ少なかれサイクルの形成はある），
サイクルが（もっとも特徴的な場合は加速度的に）自己強化しながら継続する
場合を強調する概念であることに注意しよう。例えば，次の図のように，市場
あるいは顧客の要望を取り入れることによってよりよい商品を設計したとき，
新規顧客が増えるだけではなく，自分達の要望を取り入れられた既存の顧客が
ますます購入量を増やすと同時にさらに新たな要望を出して商品作りに関わっ
てくる，という効果がもたらされるならば，このような設計アクティビティは，
サイクルを通じて，販売数量に関して自己補完性をもつことになるだろう（理
論的対応物は 2.4 の定理 23）。それは，強い形の正のモメンタムを発生する高

揚的構造体の例である。

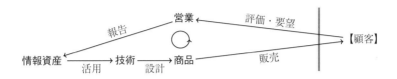

複数のアクティビティが関連したモメンタムだけでなく，単一のアクティビティ
が，（ある範囲において）実行水準を上げれば上げるほど利得もより多く増加し
ていき，その動きが継続的に発生し，利得に関して正のモメンタムが生まれる
こともあるだろう。いずれにせよ，高揚的性質は，それが水準，利得，精神面
のいずれの場合であっても，**観察しやすい**，という重要な特徴をもつことに注
意しておこう。そしてそれは，補完性が存在することのひとつの重要なサイン
であることを忘れてはならない。

可換補完構造体

2 種類の原子的補完性であるフォーク補完性とマージ補完性の組合せはよくみ
られる補完構造である。特に，その結果として，2 つのケイパビリティを結ぶ
アクティビティの連鎖が 2 本以上できている構造になっているとき，**可換性を
もつ**，という。例えば，下の図式のように，もてる技術的ケイパビリティを活
用することにより，新しい商品を設計するだけではなく，同じケイパビリティ
を活用して専用の製造装置を開発し，その商品を製造することにより，所定の
性能を満たす商品を安価に作り出している場合が典型的な例である。

強化型補完構造体

企業において，補完性が競争優位や利益の源泉になっているならば，補助的な
アクティビティやそれに伴うケイパビリティを追加して，その補完性をさらに
強化し，構造として安定化させたり，得られる利益を増加させたり，模倣の困
難さを高めよう，とすることは自然である。このように強化・補強されてでき
たユニットを強化型補完構造体という（理論的対応物は 2.4 の定理 21）。これ
は，その作られ方から，局所的な構造体であることが多いと考えられる [*28]。こ
のタイプの構造の存在は補完性由来の特徴のひとつであり，そこに高レベルの
補完性が発生していることの有力なサインとなることに注意しよう。強化型補
完構造体の例を示すために，まず，1.2.1 で示した，製造業を営む企業の典型的
な活動の簡単な図式化を思い出そう。

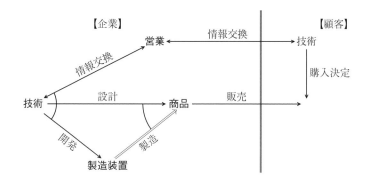

　企業がその販売を継続している以上，他の企業より優位性があるはずであり，
例えば低コストで製造するノウハウをもち，それを実装した専用の設備を自社
開発し，その設備による低コスト生産が競争優位の源泉であれば，企業がもつ
技術，特に生産技術，がコアなケイパビリティとなり，専用設備の開発がコアな

---

*28　そのようにして経路依存的な内部構造の発展が成され，企業独自の文脈（Mil-
　　grom=Roberts [52]，Porter=Siggelkow [64]）が形成されていく。2.2 の例 10 も参
　　照。

アクティビティとなるのであった。これに加えて，企業が専用の検査装置も同時に開発し，製造物の品質管理を強化すれば，商品品質は向上し，同時に，製造上のトラブルを素早く発見して対応できるようになるため，不良品の比率が低下して生産効率が上がるだろう。すなわち，製造アクティビティは，検査装置という補助的ケイパビリティと，検査装置を開発すること，およびそれを用いた品質検査をすること，という補助的アクティビティを加えることにより，補完性を強化することができる，と考えられる。以上を図式に加えると，次のようになる。

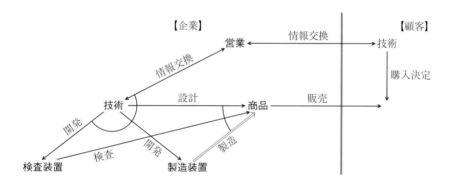

これは，多重化された可換補完構造体の例にもなっている。

他の例として，情報資産の活用について考えてみる。企業内の情報資産を活用してフォーク補完性を発生させるためには，情報の共有度を高める仕組みが必要になる。そのために，情報システムにより共有化を促進された情報資産が各所で活用されるよう，全社的な情報システムデザインが重要になる。同時に，社員が，自分のもつ情報の共有化を積極的に進めるようなインセンティブ設計も必要になる。

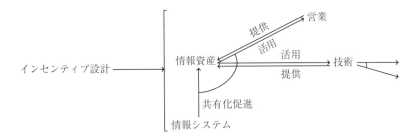

　共有度が高められた情報資産の中に，顧客企業内における自社商品活用の実態や新商品への要望などの営業情報が含まれていれば，顧客が望む特性をより多く満たす商品を開発できる可能性が高まる。したがって，社内での情報共有度を高めるための仕組みは，提供する商品やサービスの希少性を高めるための補助的ケイパビリティおよび補助的アクティビティにもなり，同時に，環境変化のひとつの表れとしての顧客の要望の変化に応じた商品・サービスを素早く提供することができれば，ビジネスを持続させるための補助的ケイパビリティおよび補助的アクティビティにもなりうる。

最後に，マージ補完性など，複数のアクティビティ間のコーディネーションが必要となる場合は，一方のアクティビティ，あるいは，そのアクティビティを実行するために必要なケイパビリティが不足すると，ボトルネックが発生して全体の効率が低下してしまう。したがって，そのようなところには，全体の進行を管理する補助的なアクティビティを追加して，補完性を安定的に発生させることが多いだろう。これは，補完性強化のポピュラーな一例である。

1.3　企業の補完性分析

この節では，前節で定めたさまざまな補完性概念を用いて企業を分析するうえで，分析を容易にするアイデアをいくつか示す。補完性の計量に関するアイデ

アも示すと同時に，解決すべき課題にも触れておく。最後に，視覚化したビジネスモデルを比較した例を示す。この比較例により，ともに高い利益をあげている同業者であっても，補完性の構造（したがって，ビジネスモデル）は大きく異なりうることがわかる。

1.3.1 領域への分割

企業における補完性の構造はかなり複雑になる。そこで，補完性が発生する場所を（完全な分割は不可能であるが，）次の4つの領域 *29 に分割し，企業内の補完性の構造の理解を助け，企業診断や問題解決策の立案を容易にする。

アプリ領域　顧客の要望などの情報を取込み，望まれる商品・サービスを企業がもつ特異なケイパビリティの適用（アプリケーション）として提供するサイクルを定める領域。

実装領域　アプリをいかに具現化しているか，という実装の部分を定める領域。協力企業や外部のケイパビリティの使い方もこの一部となる。

ケア領域　アプリや実装を支え，強化・発展させ，また，従事する人を適切に動かすための仕組みを定める領域。インフラの提供だけではなく，人の心への配慮も含む。さらに，組織が全体として整合的に機能するようにしたり，環境変化に対する組織全体の維持・適応・改革のための仕組みも含む。

相対領域　ライバル企業との競争関係の中で，自社のアプリや実装の両面がいかなる競争力をもつか，という相対的な位置付けを定める領域。

各領域の特性を視覚化すると次の図のようになる。

---

*29　1.2.3 におけるプレイヤー領域とは別物である。

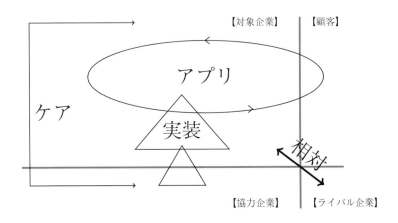

1.3.2　領域ごとの補完性

各領域において，多くのケースで発生すると考えられる補完性の種類は次のとおりである。これらがすべてというわけではないが，分析時の参考になるであろう。

　＜アプリ領域＞

　　高揚的構造体：営業が仲介するサイクル

　　双方向戦略的補完性：顧客，販売代理店との関係で

　　マージ補完性：商品がもたらす客先における補完性

　　セルフ・プラットフォーム補完性：顧客における，自己による影響

　　ノーサイド・プラットフォーム補完性：顧客における，他の顧客からの影響

　＜実装領域＞

　　自己補完性：製造など供給サイドのコスト面で

　　フォーク補完性：情報資産活用

　　マージ補完性：研究・開発・製造面で（特に商品・サービスに関して）

　　双方向戦略的補完性：取引先，提携先との関係で

　＜ケア領域＞

　　大域的補完構造体：全社的な一貫性。インセンティブに影響を与える制度

を含む

強化型補完構造体：経年劣化と環境変化に対する適応

＜相対領域＞

希少性：ライバルとの関係で

1.3.3 補完性指数とケイパビリティの活用度

補完性の度合いについて少し考えておく。得られた補完性の図式の比較によっ
て，企業ごとの利益を出す仕組みの違いを目で見ることが可能になるわけだが，
視覚化した構造が同一でも利益率が大きく異なる場合は，描かれた図式に実際に
は十分には機能していない部分があったり，描き忘れている重要な部分があっ
たりすることが考えられる。図式は，そういった疑問をもつきっかけを与えて
くれる。また，そういった考察を経て図式を見直すことにより，同時に，企業
に対する理解も深まってくる。逆に，図式は，そのビジネス構造がもつ**潜在的**
な補完性の度合いも表している。この度合いは，例えば，次のように数式化す
ることも可能である。

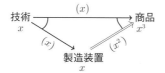

　それぞれの変数の変化は，それぞれの補完性の特性を反映させた象徴的なも
のである（補完性を表す記号 (I, I)，I^2，$I \cdot I$ はこの特性から定められている）。
最終的な次数が，補完性の度合いを数量化したものと考えることができる。

企業の実際の補完性は，その度合いを客観的に計量することは難しい。むしろ，
数学的に厳密に定義された補完性の有無を判定するためのデータは原理上入手
しえない，といってもよい。そこでここでは，補完性の度合いを主観的に判定

する方法を示す。その主観性ゆえに，定まる度合いを**補完性指数**とよぶことに
する。まず，調べた企業情報およびそこから作成した補完性の図式を参考にし
て，各領域ごとに，領域内で発生しうると想定されている各種の補完性が，実
際にどの程度発生しているかを評価する。そのために，1.2 で示したように，そ
れぞれの補完性の存在から導かれる特徴である正の相関性，正のモメンタム，
各種の高揚性，企業内の制度的要素の充実度や活用度などの認知可能な表れを，
企業およびその周辺の各領域において観察されていないかを注意深く調査する
必要がある。観察されうる特性を含んだ，補完性と関連の強いキーワードを定
め，補完性チェックシート*30 の形にまとめておく。そのシートにおいて得ら
れた評価をもとに，各領域において想定される各補完性に対して，

　　・その補完性の発生が意識され，強い意志で追求されているか
　　・その補完性が発生する源泉となるアクティビティが実行されているか
　　・発生している場合に観察されるはずの特性が出現しているか
などを確認する。雑誌記事など，できる限り客観的な観察情報をもとに確認を
し，それらの総合評価として，当該補完性を次のように判定する。

　　×　ない，あるいは，ほとんどない
　　△　結構ある
　　○　確実にある
　　◎　きわめて高いレベルである

次に，領域内の各種補完性の発生度合いを総合し，領域内の補完性指数を決め
る。指数は，

　　0　（補完性なし）
　　0.5（補完性ありそう）
　　1　（補完性あり）
　　1.5（きわめて高いレベルで補完性あり）

---

*30　すぐあとにサンプルを示した。このシートは，2014 年時点の試作品を基に，領域と補
　　完性の名称を本書におけるものに変更したものである。

補完性複数チェックシート　V5

社名：＿＿＿＿＿＿　記入日：＿＿ー＿＿ー＿＿　記入者：＿＿＿＿＿＿　第＿＿版

＜気付きのためのキーワード集　ただし、たたらに補完性を保証するおけではない＞　上段）中心、目的　中段）ツール、方法　下段）特性、結果、派生

新規・既存 / 評価	補完性の種類	発生場所の説明	キーワード群
ブブリ	高組織的構造体	営業が仲介するサイクル（最後の押し込みも）	信頼・信用／営業力／顧客の声／開発と営業の同行／顧客に密着（特に現場に）／鉄の販売網／市場調査／試作品提供／直販体制／目利き／技術サポート／テストマーケティング／コンサル営業／研究所通い／社内教育
	双方向戦略的補完性	顧客、販売代理店との	共同開発／ウイン・ウイン関係／リピート率高い
	マージ価値的補完性	商品に係る各客先補完性	リピート率高い／即納・短納期／ソリューション提案／顧客価値創出／物流センター／保守サービス／納期厳守／消耗品／安定供給
	セルフ・プラットフォーム的補完性	顧客における、自己による影響に由来	標準／イメージ戦略／覇権／性能アピール／ブランド／権威者による評価
	ノーサイド・プラットフォーム的補完性	顧客における、他の顧客からの影響に由来	ブランド／ネットワーク／標準／ソーシャル／広告／覇権／イメージ戦略／性能アピール／権威者による評価
実装	フォーク資産活用	情報資産活用	情報共有／システム開発／研究・開発が製造立上げ／専用設備／技術のシナジー／情報システム／開発者が製造立上げ／レコメンデーション／治具／全工程を担当／データベース／（電子）報告制度／文書化、見える化／技術移転／ノウハウ移転／教育、研修
	自己補完性	製造等のコスト面で	専用機／標準化／量産効果／大型設備／標準品／最新設備／最新鋭設備
	マージ戦略的補完性	研究開発製造面で（特に商品に関して）	高品質／社内教育／全自動生産／研究・技術強化／コスト競争力／生産管理／最新機器／生産技術強化／即納・短納期／品質管理／治具／技術のシナジー／在庫ゼロ／計測装置／ハイサイクル生産／原材料レベルから開発／全量検査／小ロット／基幹部品／新興国での生産／匠の技／（秘伝の）タレ／ファーレス／旧設備の移転利用
	双方向戦略的補完性	取引上、提携先との	ウイン・ウイン関係／信頼／情報提供・交換／定着率高い／ノウハウ移転・交換／技術提供、交換／オープンイノベーション／技術提供、購入／共同開発、購入／先方での開発補完性
ケア	大域的補完 構造体	全社的な一貫性（インセンティブ設計を含む）	やる気／行々（文化共有）／カリスマ経営者／納得／人を活かす／教育、研修／経営理念／少数精鋭／意識改革・共有／社是／若手／数値目標／講義、コミュニケーション／（世界一の）目標／定着率高い／文書化、見える化／全体最適／スピード経営／ブランド／クロス・ファンクショナル／トップダウン／情報共有／基準
	強化型補完 構造体	組織全体	スピード経営／意識改革・共有／環境変化への適合／変われる組織／半先を先行く／外注利用／イノベーション／意識改革・共有／ダイナミック・ケイパビリティ／クロス・ファンクショナル／情報収集
相対	希少性	ライバルとの関係	標準／独自性、独創性／高品質、低価格／差別化／ダントツ商品／トップリーダー／スピード経営／ブルーオーシャン／プライスリーダー／試作／値下げなし／参入障壁／最新機器／M&A／部分不合理

※該当するキーワードを○で囲み、根拠となる情報源の参照記号を欄に記入してください
※足りないキーワードは、適宜追加記入してください

のいずれかとする。最後に，各領域における補完性指数の合計を企業の補完性
指数とする。求まった補完性指数がその企業の収益力をおおよそ説明できてい
れば，ビジネスの骨太な構造を捉えることに成功した，と考えてもよいだろう。

1.3.4　補完性指数の課題

ここでは，補完性チェックシートを用いた補完性指数推計に関する課題に触れ
ておく。実験的に，上場企業の中から選んだ 19 社に対し，企業 HP，雑誌記事
(『日経ビジネス・アソシエ・トップリーダー』，『週刊 東洋経済』，『週刊 ダイヤ
モンド』) などから補完性に関連する情報を抽出し，補完性の視覚化および指数
の推計を行った。領域ごとの補完性指数，全体の補完性指数，および『会社四
季報』で得られた売上高営業利益率の 5 ヵ年平均を表にし，分析を行った結果，
　　・全体の補完性指数と平均利益率との相関係数は 0.79
　　・全体の補完性指数と平均利益率の log との相関係数は 0.85
　　・領域ごとの補完性指数を説明変数，平均利益率の log を目的変数とした
　　　回帰分析では $R = 0.90$，$R^2 = 0.81$
であった。回帰分析は重み付きの全体的補完性指数を定める，と考えれば，定
まった指数で利益率の変動の約 8 割を説明できていることは，補完性分析の目
的が企業の（広義の）ビジネスモデルの骨太な分析であることを考えると，申
し分ない結果といえる。
　しかしながら，この結果は，ある意味自然なことである。なぜならば，補完
性指数が大きいということは，単独のアクティビティあるいは複数のアクティ
ビティ間に，追加的な利益（すなわち補完性の利益）の発生が多いということ
である。その状況は，補完性のタイプにより，ケイパビリティをより有効に活
用したり，より競争優位なケイパビリティの生成に成功したり，全社的なケイ
パビリティ活用効率を高めることに成功したり，ということの結果である。い
ずれの場合でも，企業活動の効率は相対的によいはずで，利益率が高くなるこ
とは納得できることである。この意味では，補完性指数は，企業におけるケイ

パビリティ活用の度合いを測る尺度である，と言い換えることも可能だろう。

　逆にいくつかの問題点が今後の課題とされる。まずは，入手可能な基礎情報と利益率の相関性の問題である。利益率の高い企業は注目度が高く，ビジネス系の雑誌で好意的に取り上げられる頻度は相対的に高くなる。好意的で詳細な記事が多くなれば，チェックシートのチェック項目が多くなることは十分にありうる。また，その企業が高収益であることが頭の片隅に入っているのが普通である。その結果，補完性指数の評価は主観的なものであるだけに，高めに出やすくなるはずである。この弊害を完全に避けることは困難であるが，チェックを付ける項目の総数に規制を設けて重要なものに限定するなど，多少の工夫の余地はある。

　もうひとつは，チェック項目ごとの達成レベルの問題である。各記事においても，希望的な観測であったり，一部だけで達せられたにすぎないことだったり，という可能性は十分にあり，実際にどの程度補完性が機能しているか，注意深く確認する態度が求められる。特に，企業規模が大きい場合や世界展開している場合など，企業全体において成立していることかどうか，注意が必要である。

以上のような問題点はあるが，医師が経験を積むことで正確な診断をくだせるようになるように，補完性分析の件数積み上げと，チェックシートを含めた分析方法の改善を再帰的に積み重ねることによって，理論およびツールは精緻化されていくことになるであろう。

1.3.5　分析例

株式会社キーエンスと SMC 株式会社のビジネスモデルを視覚化し，両者の補完構造の違いを比較・検討する。まず，キーエンスのビジネスの特徴は 2012 年9 月時点の情報をもとに次のようにまとめられた。

(1) 顧客に対して

　　・販売しているのは最適な解決法である

　　・生産時間を何分削減できるか，という具体的な使用価値を提案している

　　・商品は即日出荷される

(2) 販売する商品に関して

　　・特殊品はあえて作らない。広く使われる標準品のみを作る

　　・徹底した標準化をし，付加価値が高い

　　・開発スピードが早い

　　・新製品のほとんどが世界初または業界初である

　　・類似品が出て価格が下がり始めたら販売をやめる

(3) 社内の組織運営に関して

　　・階級意識の打破にこだわる。上下に関係なく議論できる環境を維持している

　　・目に見えやすいリターン（金銭，自分自身の成長）がある

　　・情報・ノウハウの共有が重視される

これから，次のようにビジネスモデルが視覚化された（図式中で，特徴的なケイパビリティにはいくつかの特性情報を付けてある）。

【キーエンスのビジネスモデルの視覚化】

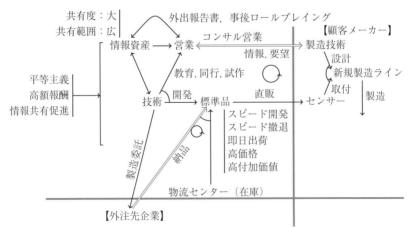

次に，SMC のビジネスの特徴は 2012 年 10 月時点の情報をもとに次のように
まとめられた。

(1) 顧客に対して

・SMC の空圧機器を学ぶと他社のカタログは見なくなる，という声もある
ほどの情報提供をしている

(2) 販売する商品に関して

・独自特許により他社の参入を許さない

・あらゆる産業分野に 11,000 種類，60 万品目を安価に提供し，世界トップ
シェア（25 %）

・独自性の高い一貫開発生産体制をもつ。表面処理，塗装，組立て，検査を
含め，全工程を自社で行う

・空気圧縮技術に特化する代わりに，あらゆる産業分野向けに商品を揃えて
ある

・小ロット品も多い

(3) 社内の組織運営に関して

・若手にモノづくりの全工程を考える機会が与えられている

・社員同士の関係は非常にフラットに保たれている

これから，次のようにビジネスモデルが視覚化された（ケイパビリティの特性
情報に関してはキーエンスと同様）。

【SMC のビジネスモデルの視覚化】

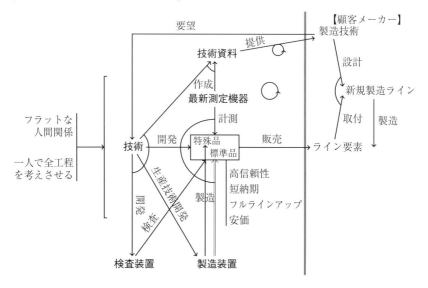

さて，両社はともに高収益の制御機器メーカーであるが，補完性の構造は大きく異なる。一番の違いは取扱い商品の種類であろう。対比させると，

　　キーエンス：限られた品目の標準品のみ。価格競争はしない
　　　　SMC：すべてを安価に取り揃えたうえ，特殊品にも対応する

となる。そのためにまた，技術・製造部門の構造が大きく異なっている。対比させると，

　　キーエンス：社内での製造はほとんどない
　　　　　　　　標準化により，安価な外注品を入手可能と思われる
　　　　　　　　そこでは，自己補完性が徹底的に追求されている
　　　　SMC：専用機を開発して自社生産
　　　　　　　　それにより，コストダウンと高品質化を両立させている

　　　　　　そこでは，フォーク補完性とマージ補完性が徹底的に追求され
　　　　　　ている
　　　　　　したがって，可換補完構造体がさらに補完性強化された構造体
　　　　　　になっている

となる。ほかにも異なる点はあるが，ともに補完性を十分に効かせた仕組みで
ありながら，商売の仕方に応じて，効かせる補完性のタイプがまったく異なる
ことが理解される。すなわち，ある商品を提供する企業のビジネスモデルには，
同様に高い利益をもたらしうる複数のビジネスモデルの中からの選択の問題が
発生しうるのであり，通常的には，そこには経路依存性が深く関わってくると
考えられる。そして，その違いが，視覚化した図の中にも見えている，という
点が注目すべきところである。

視覚化された補完構造の特徴をより際立たせるために，構造体の図式化も有用
である。フォーク補完性とマージ補完性の組合せ，すなわち可換補完構造体を，

と図式化する。この派生形として，補完的なアクティビティが増えた場合の多
重化された可換補完構造体，すなわち強化型補完構造体の一形態は，

のように図式化する。また，一部のアクティビティが自己補完性などのより強
い補完性をもつ場合は，

のように図式化する。

　この構造体の図式化を使って，キーエンスと SMC 両社のコアな部分を浮き彫りにした簡略化図式は次のようになる。両社のビジネスモデルの違いを図式の違いとして，よりはっきりと理解できるであろう。

【キーエンスの補完構造の簡略化図式】

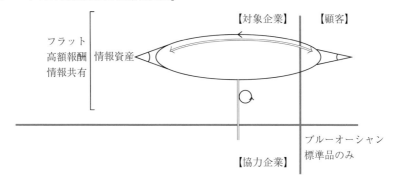

【SMC の補完構造の簡略化図式】

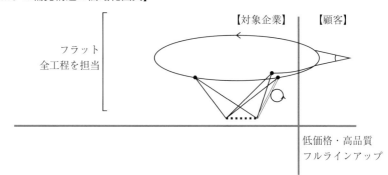

第2章
補完性の数理

2.1 補完性の一般的定義

1.1.2 で特定の状況において補完性の定義を示したが，ここでは一般的な枠組み
における定義を示す。補完性は差分増加性やスーパーモジュール性といった関
数の性質として定められるが，まず，関数が定義される空間についてまとめて
おき，そのあとで各種の補完性を定める。精密に定義されたいくつかの補完性
概念を使い分けることにより，補完構造をより深く分析するための言語が得ら
れる。

X を集合とし，X 上の 2 つの要素間の順序を定める二項関係を $\leq$ で表す。次
の 3 つの条件が満たされるとき，そのような二項関係を**半順序**といい，半順序
をもった集合 X を**半順序集合**という [*1]。

  (a) [反射律] すべての x に対して，$x \leq x$。
  (b) [反対称律] すべての x' と x'' に対して，$x' \leq x''$ かつ $x'' \leq x'$ ならば $x' = x''$ で
      ある。
  (c) [推移律] すべての x', x'', x''' に対して，$x' \leq x''$ かつ $x'' \leq x'''$ ならば $x' \leq x'''$

[*1]　本章における束の理論の基本的な部分は Topkis [84] を基にしている。

である。

　一般的には，半順序集合 X の任意の 2 つの要素 x' と x'' の間に順序が必ず定まっている，というわけではないが，もし両者の間になんらかの順序が定まっているとき，すなわち，$x' \leq x''$ または $x'' \leq x'$ のどちらかが成立するとき，x' と x'' は**比較可能である**といい，そうでないときは，**比較可能ではない**という。半順序集合に含まれる任意の 2 つの要素が比較可能であるとき，その半順序集合を**鎖**という（**全順序集合**ともいう）。また，半順序集合において，$x' \leq x''$ であるが，$x' \neq x''$ であるとき，$x' < x''$ と表す。

例 1. 半順序集合の例をいくつか示す。

(a) n 次元ユークリッド空間 $R^n = \{(x_1, \cdots, x_n) : x_i \in R, i = 1, \cdots, n\}$ を考える。R^n の要素 $x' = (x'_1, \cdots, x'_n)$ と $x'' = (x''_1, \cdots, x''_n)$ に対して，$x' \leq x''$ であることを，各 $i = 1, \cdots, n$ に対して $x'_i \leq x''_i$ が成り立つことと定義する。このとき，R^n は半順序集合である。

(b) (a) の例をより一般的にする。集合 A の各要素 α に対して，X_α は集合であるとする。これらの集合 X_α の**直積**とは，積集合 $\times_{\alpha \in A} X_\alpha = \{(x_\alpha : \alpha \in A) : x_\alpha \in X_\alpha, \alpha \in A\}$ のことをいう。ベクトル $x = (x_\alpha : \alpha \in A)$ は，各 $\alpha \in A$ に対して，成分 x_α をもつことを表している。ここで，各 α に対して X_α は半順序 $\leq_\alpha$ をもった半順序集合であるとする。これらの**半順序集合の直積**とは，各 $\alpha \in A$ に対して $x'_\alpha \leq_\alpha x''_\alpha$ が成立するならば $x' \leq x''$ である，と定義した半順序 $\leq$ を伴った集合 $\times_{\alpha \in A} X_\alpha$ のことである。上記の (a) は，$A = \{1, \cdots, n\}$，$X_\alpha = R$ で，各 α に対して R は通常の順序関係 $\leq$ をもっている，とした特別な直積である。

例 2. 本章では，3 つの仮想的な企業を考え，補完性に関する定義や命題の例を各企業の活動を通して示している。最初の企業として，ミュラー社は自動車を世界中で製造・販売する巨大な企業であるとする。経営の目的は，最終的にすべてが反映された評価である，利益を最大化することである。ミュラー社は，数多くの自動車会社の中でも，ユーザーの要求に応じた高品質の車を手ごろな

価格で提供することを特徴としている。そのために，製造部署で雇用する労働者のタイプと，使用する製造装置の決定を，利益に直結する最重要事項と考えているとする。ユーザーのまちまちな要求に応じるためには，エンジン，サスペンション，外装仕様，内装仕様，オーディオなど，豊富な選択肢を提供せねばならず，それらの組合せのすべてに完成車在庫をもつことは，在庫コストを考えると，もはや不可能である。したがって，受注してからいかに迅速に，（しかも可能な限り束ねた形で，）要求された車を製造できるか，という迅速対応がひとつの社内尺度となる。そこで，ミュラー社のごく簡略化された最適化問題は次のようになる。決定変数 x_1 は，製造部署で採用する労働者が，新規に発生したものも含めて，どれだけ多くの作業に柔軟に対応できるかという度合い，決定変数 x_2 は，使用する製造装置の柔軟性の度合いとする。$x = (x_1, x_2)$ に対する制約集合は，x_1 に対しては $X_1 = \{$ 単能工, 2〜3 の作業が可能, 3つ以上の作業ができるうえに新しい作業能力を短時間で習得可能 $\}$，x_2 に対しては $X_2 = \{$ 専用機, ある程度ツールとプログラムを交換できる汎用機, マシニングセンターのように多種類の加工に対応できる汎用機 $\}$ で定まるとする。それらの組合せに対して，ほかに必要な条件は適切に設定するとして，利益の見積りを $f(x)$ で表す。ミュラー社の最適化問題は，制約集合 $X_1 \times X_2$ 上で $f(x)$ を最大化することになる。以上の設定において，集合 X_1 と X_2 には，柔軟性の度合いで自然に要素間の順序を定めることができる。すなわち，

単能工 $\leq$ 2〜3 の作業が可能な労働者
$\leq$ 3つ以上の作業ができるうえに新しい作業能力を短時間で習得可能な労働者

および，

専用機 $\leq$ ある程度ツールとプログラムを交換できる汎用機
$\leq$ マシニングセンターのように多種類の加工に対応できる汎用機

と順序付けることができる。このとき，9つのベクトルからなる集合

$X = X_1 \times X_2$

$\quad = \{$ 単能工, 2〜3 の作業が可能な労働者,

$\qquad$ 3 つ以上の作業ができるうえに新しい作業能力を短時間で習得可能な労働者 $\}$

$\quad \times \{$ 専用機, ある程度ツールとプログラムを交換できる汎用機,

$\qquad$ マシニングセンターのように多種類の加工に対応できる汎用機 $\}$

$\quad = \{($単能工, 専用機$), ($単能工, ある程度ツールとプログラムを交換できる汎用機$), \cdots$

$\qquad (3$ つ以上の作業ができるうえに新しい作業能力を短時間で習得可能な労働者,

$\qquad$ マシニングセンターのように多種類の加工に対応できる汎用機$)\}$

は，各座標ごとに上記で定められた順序によって半順序集合となる。

アクティビティを変数とする関数の定義域を考えたとき，アクティビティの実施をするかしないかの選択を表す場合，実施する範囲や強さを何段階かのレベルで表す場合，ベクトルで表すのが適当な場合，あるいは，それらの組合せで表現するのが適当な場合など，さまざまな種類の集合が候補となりうる。抽象化により，さまざまなケースに共通の性質に着目することにより，統一的な，すっきりとした理論展開が可能となる。補完性を論じることができるようにするために，次に束という概念を定める。

$\quad X'$ を半順序集合 X の部分集合とする。X の要素 x' が，X' のどの要素よりも大きいか等しいとき，すなわち，X' に属す任意の x に対して $x \leq x'$ が成り立つとき，x' を X' の**上界**という。X' の要素 x' が X' の上界になっているならば，x' を X' の**最大元**という。これに対し，X' の要素 x' に対して，$x' < x$ なる x が X' の中に存在しないならば，x' を X' の**極大元**という。両者の関係として，次のことが成り立つ。最大元は極大元である。また，半順序集合は反対称律を満たすので，最大元は存在したとしても 1 つだけであるが，極大元は複数個存在する可能性があり，異なる極大元は比較可能ではない。(2 つの相異なる要素が，もし比較可能ならば，どちらかのほうが大きいからである。) もし，X' の上界の集合が最小元をもつならば，この**最小上界**を X' の**上限**ともいい，$\sup_X(X')$，あるいは，$\sup(X')$ と表す。X' が最大元をもてば，それは，明らかに X' の上限である。逆に，小さいほうを考えることにより，**下界**，**最小元**，**極小元**，**最大下界**，**下限**，$\inf_X(X')$，$\inf(X')$ が定義される。

半順序集合 X に属す 2 つの要素 x' と x'' からなる集合が X の中で最小上界をもつとき，それを 2 つの要素の**合併**といい，$\boldsymbol{x'} \vee \boldsymbol{x''}$ と表す。また，x' と x'' からなる集合が X の中で最大下界をもつとき，それを 2 つの要素の**交わり**といい，$\boldsymbol{x'} \wedge \boldsymbol{x''}$ と表す。半順序集合が，その中の任意の要素の組に対する合併と交わりをともに含んでいるとき，それを**束**という。

例 3. 束の例をいくつか示す。

(a) 実数直線 R は束となる。このとき，R に属す任意の x' と x'' に対して，$x' \vee x'' = \max\{x', x''\}$，$x' \wedge x'' = \min\{x', x''\}$ である。

(b) n 次元ユークリッド空間 R^n は束となる。このとき，R^n に属す任意の x' と x'' に対して，$x' \vee x'' = (x'_1 \vee x''_1, \cdots, x'_n \vee x''_n)$，$x' \wedge x'' = (x'_1 \wedge x''_1, \cdots, x'_n \wedge x''_n)$ である。

(c) より一般的に，束の直積は束となる。A に属す各 α に対して，X_α が束，$x' = (x'_\alpha : \alpha \in A)$ と $x'' = (x''_\alpha : \alpha \in A)$ が $\times_{\alpha \in A} X_\alpha$ に属すとすると，$\times_{\alpha \in A} X_\alpha$ において，$x' \vee x'' = (x'_\alpha \vee x''_\alpha : \alpha \in A)$ と $x' \wedge x'' = (x'_\alpha \wedge x''_\alpha : \alpha \in A)$ となる。仮定より，両者は $\times_{\alpha \in A} X_\alpha$ に属すので，$\times_{\alpha \in A} X_\alpha$ は束である。

X を束とする。X' が X の部分集合で，X' の要素の任意の組に対する（X に関する）合併と交わりを含むならば，X' は，X の**部分束**といわれる。X が束で，X' が X の部分束で，X'' が X' の部分束ならば，X'' は X の部分束である。しかし，X' が X の部分集合で，同じ半順序によってともに束である場合でも，X' は X の部分束とは限らない。

本書では，多くの状況で，選択可能なものを集めた制約集合が部分束であることを要求する。この条件は，補完性が意味をもつための前提条件と考えられる。制約集合が部分束であることによって意味される状況をより良く理解するために，この叙述を否定して，制約集合が部分束ではないとしてみよう。このとき，ある x と y に対して，$x \wedge y$ と $x \vee y$ の少なくとも一方は制約集合に入

らないことになる。このとき，例えば，$x = (x_1, x_2)$ の第 1 変数 x_1 でフレキ
シブルな製造装置の導入の度合いを表し，第 2 変数 x_2 で製品の種類の豊富さ
の度合いを表すとし，現状を $(\bar{x}_1, \bar{x}_2)$ として，ある $\alpha > 0$ と $\beta > 0$ に対して
$x = (\bar{x}_1 + \alpha, \bar{x}_2)$, $y = (\bar{x}_1, \bar{x}_2 + \beta)$ だったとする。この場合，$x \wedge y = (\bar{x}_1, \bar{x}_2)$
は現状として制約集合に入っているので，$x \vee y = (\bar{x}_1 + \alpha, \bar{x}_2 + \beta)$ が制約集合
に入らないことになる。この状況は次のように解釈できる。x はフレキシブル
な製造装置のさらなる導入を意味するが，同時に（フレキシブルな製造装置の
特性をより活かすための）製品品種のよりいっそうの拡大をすることは，$x \vee y$
で表されるので，それは，なんらかの理由で許容されないことになる。この，両
方同時にやらないと意味がないことを同時に実施できない，というボトルネッ
クのような状況が，制約集合が部分束になっていない，ということなのである。
　一方もし，各アクティビティの実施に無視できないコストがかかり，それら
の合計が予算制約を受ける性格のものだったとする。予算が限られていて，全
アクティビティを同時に最大限には実行できないとすると，制約集合は部分束
にはならない，と考えることはもっともなことである。これに対しては，次の
ような考え方が補完性の理論と整合する。必要な予算は借り入れ，または資本
調達でまかなうことを前提とし，それはコスト面に反映されるものとする。こ
の必要なコストをすべて加味したネットの利益を表す関数に関して補完性を論
じれば，必要となるコストをカバーする以上のものが得られるか否かも問うこ
とができるので，対象とするアクティビティのコスト構造も関数の性質に内包
されることになり，制約集合の検討時における予算制約の検討は先延ばしされ
る形となる。

例 4. 部分束の例をいくつか示す。

(a) 実数直線 R の任意の部分集合は，R の部分束である。

(b) より一般的に，X が鎖ならば，X の任意の部分集合は，X の部分束である。

(c) A に属す各 α に対して，X_α は束で，X'_α は X_α の部分束であるとすると，
$\times_{\alpha \in A} X'_\alpha$ は $\times_{\alpha \in A} X_\alpha$ の部分束である。

(d) X を束とする。すると，任意の $x' \in X$ に対して，$[\boldsymbol{x'}, \infty) = \{x \in X : x' \leq x\}$ と $(-\infty, \boldsymbol{x'}] = \{x \in X : x \leq x'\}$ は X の部分束である。さらに，X に属す任意の x' と x'' に対して，$[\boldsymbol{x'}, \boldsymbol{x''}] = \{x \in X : x' \leq x \leq x''\}$ は X の部分束である。これらは X の中の**閉区間**といわれる。

定理 1. X が非空な有限束ならば，X は最大元と最小元をもつ。ここで，有限とは，集合に含まれる要素の数が有限個であることをいう。

証明. 有限性の仮定から，$X = \{x^1, \cdots, x^k\}$ とする。ただし，k は正の整数とする。$y^2 = x^1 \vee x^2$ とおくと，X は束なので，y^2 は X に属す。ここで，$2 \leq k' < k$ を満たすある整数 k' に対して，$y^{k'} = \sup(\{x^1, \cdots, x^{k'}\})$ が X に属すとする。$y^{k'+1} = y^{k'} \vee x^{k'+1}$ とおくと，X は束なので，$y^{k'+1}$ は X に属す。一方，$y^{k'} = \sup(\{x^1, \cdots, x^{k'}\})$ なので，$y^{k'+1}$ は $\{x^1, \cdots, x^{k'+1}\}$ の上界になっている。ここで，X における $\{x^1, \cdots, x^{k'+1}\}$ の任意の上界を y とする。$y^{k'} = \sup(\{x^1, \cdots, x^{k'}\})$ なので，$y^{k'} \leq y$ と $x^{k'+1} \leq y$ となり，したがって，$y^{k'+1} = y^{k'} \vee x^{k'+1} \leq y$ が成り立つ。結果として，$y^{k'+1} = \sup(\{x^1, \cdots, x^{k'+1}\})$ であることが示された。以上から帰納的に，$y^k = \sup(\{x^1, \cdots, x^k\}) = \sup(X)$ が存在し，y^k は X に属すことがわかる。$\inf(X)$ が存在して X に属す，という証明も同様である。 $\square$

したがって，制約集合 X が，ある束，例えば R^n，の非空な有限部分束であるとき，X は R^n の部分集合として最大元と最小元をもつ。

半順序集合 X から半順序集合 Y への関数 $f(x)$ が**増加的**とは，X において $x' \leq x''$ であれば，Y において $f(x') \leq f(x'')$ となることである。**減少的である**とは，逆に，$f(x'') \leq f(x')$ となることである。関数が**単調**であるとは，その関数が増加的であるか，あるいは，減少的であることをいう。また，関数 $f(x)$ が**強い意味で増加的**とは，X において $x' < x''$ であれば，Y において $f(x') < f(x'')$ となることである。**強い意味で減少的**であることは，逆に，$f(x'') < f(x')$ となることである。

 X と T を集合とし，S を $X \times T$ の部分集合としたとき，$t \in T$ に対して $\boldsymbol{S_t} = \{x \in X : (x,t) \in S\}$ を，t における S の**切片**といい，$\boldsymbol{\Pi_T S} = \{t \in T : S_t \neq \emptyset\}$ を，S の T 上への**射影**という。

補題 1. X と T は束とし，S は $X \times T$ の部分束とする。

(a) 各 $t \in T$ における S の切片 S_t は，X の部分束である。

(b) S の T 上への射影 $\Pi_T S$ は，T の部分束である。

証明. $t \in T$，$x' \in S_t$，$x'' \in S_t$ を，それぞれ任意にとる。すると，$(x', t) \in S$ かつ $(x'', t) \in S$ で，S は $X \times T$ の部分束なので，$(x' \vee x'', t) = (x', t) \vee (x'', t)$ と $(x' \wedge x'', t) = (x', t) \wedge (x'', t)$ はともに S に属す。したがって，$x' \vee x'' \in S_t$ かつ $x' \wedge x'' \in S_t$ となり，S_t は X の部分束であることが証明された。

　次に，$t' \in \Pi_T S$ と $t'' \in \Pi_T S$ を任意にとる。すると，射影の仮定より，$S_{t'}$ と $S_{t''}$ は非空なので，ある $x' \in S_{t'}$ とある $x'' \in S_{t''}$ が存在する。このとき，$(x', t') \in S$ かつ $(x'', t'') \in S$ となり，S は $X \times T$ の部分束なので，$(x' \vee x'', t' \vee t'') = (x', t') \vee (x'', t'')$ と $(x' \wedge x'', t' \wedge t'') = (x', t') \wedge (x'', t'')$ は S に属す。したがって，$S_{t' \vee t''} \neq \emptyset$ かつ $S_{t' \wedge t''} \neq \emptyset$ なので，$t' \vee t'' \in \Pi_T S$ かつ $t' \wedge t'' \in \Pi_T S$ となり，$\Pi_T S$ は T の部分束であることも証明された。   □

次に，X と T を半順序集合，$f(x, t)$ を $X \times T$ の部分集合 S 上の実数値関数としたとき，X の任意の 2 つの要素 $x', x'' : x' \leq x''$ と T の任意の 2 つの要素 $t', t'' : t' \leq t''$ で，$(x', t'), (x', t''), (x'', t'), (x'', t'')$ がすべて S に属すものに対して，

$$f(x', t'') - f(x', t') \leq f(x'', t'') - f(x'', t') \tag{2.1.1}$$

となるとき，$f(x, t)$ は S 上で (x, t) に関して **差分増加性** をもつという。差分増加性の定義は，あるアクティビティ x の水準が高いほど，他のアクティビティをより多く実行したとき，すなわち，t' から t'' に増加させたとき，の追加的な利益が，より多くなることを表している。また，これらの条件は，x と t の役割を入れ替えても，常に同時に成り立っている。これは，$f(x', t'') - f(x', t') \leq f(x'', t'') - f(x'', t')$ と，$f(x'', t') - f(x', t') \leq f(x'', t'') - f(x', t'')$ が同値であることが，移項によりわかるからである。このとき，x と t は **（相互）補完性** をもつ，あるいは，**（相互）補完的** であるという。この定義は 1.1.2 における定義の一般化になっている。

　A を集合とし，任意の $\alpha \in A$ に対して X_α は半順序集合，X は $\times_{\alpha \in A} X_\alpha$ の

部分集合とし，$f(x)$ は X 上の実数値関数とする。もし，任意の相異なる $\alpha' \in A$ と $\alpha'' \in A$ に対し，任意の $\alpha \in A \setminus \{\alpha', \alpha''\}$ に対する任意の $x'_\alpha \in X_\alpha$ に対して，$f(x)$ が，X の $(x'_\alpha : \alpha \in A \setminus \{\alpha', \alpha''\})$ における切片で，$(x_{\alpha'}, x_{\alpha''})$ に関して差分増加性をもつならば，$f(x)$ は X 上で $(x_\alpha : \alpha \in A)$ に関して**差分増加性をもつ**という。ここで，差分増加性に関する技術的な補題を準備しておく。

補題 2 (Kido [30]). $N = \{1, \cdots, n\}$，$X_1, \cdots, X_n$ を半順序集合とし，$f(x)$ は $\times_{i \in N} X_i$ 上の実数値関数で，$(x_1, \cdots, x_n)$ に関して差分増加性をもつとする。このとき，N の任意の非空な真部分集合 I に対して，$f(x)$ は $(x_I, x_{N \setminus I})$ に関して差分増加性をもつ。ここで，$x_I = (x_i : i \in I), x_{N \setminus I} = (x_i : i \in N \setminus I)$。すなわち，任意の $x'_I \le x''_I$ と任意の $x'_{N \setminus I} \le x''_{N \setminus I}$ に対して，

$$f(x''_I, x'_{N \setminus I}) - f(x'_I, x'_{N \setminus I}) \le f(x''_I, x''_{N \setminus I}) - f(x'_I, x''_{N \setminus I})$$

となる。

証明. 必要に応じて座標を入れ替えることにより，ある $1 \le m < n$ が存在して，$I = \{1, \cdots, m\}$ とできる。$f(x)$ は $i = 1, \cdots, m$ に対して (x_i, x_{m+1}) に関して差分増加性をもつので，

$$
\begin{aligned}
&f(x''_1, \cdots, x''_m, x'_{m+1}, \cdots, x'_n) - f(x'_1, \cdots, x'_m, x'_{m+1}, \cdots, x'_n) \\
&= f(x''_1, \cdots, x''_m, x'_{m+1}, \cdots, x'_n) - f(x'_1, x''_2, \cdots, x''_m, x'_{m+1}, \cdots, x'_n) \\
&\quad + f(x'_1, x''_2, \cdots, x''_m, x'_{m+1}, \cdots, x'_n) - f(x'_1, x'_2, x''_3, \cdots, x''_m, x'_{m+1}, \cdots, x'_n) \\
&\quad + \cdots \\
&\quad + f(x'_1, \cdots, x'_{m-1}, x''_m, x'_{m+1}, \cdots, x'_n) - f(x'_1, \cdots, x'_m, x'_{m+1}, \cdots, x'_n) \\
&\le f(x''_1, \cdots, x''_{m+1}, x'_{m+2}, \cdots, x'_n) - f(x'_1, x''_2, \cdots, x''_{m+1}, x'_{m+2}, \cdots, x'_n) \\
&\quad + f(x'_1, x''_2, \cdots, x''_{m+1}, x'_{m+2}, \cdots, x'_n) - f(x'_1, x'_2, x''_3, \cdots, x''_{m+1}, x'_{m+2}, \cdots, x'_n) \\
&\quad + \cdots \\
&\quad + f(x'_1, \cdots, x'_{m-1}, x''_m, x''_{m+1}, x'_{m+2}, \cdots, x'_n) - f(x'_1, \cdots, x'_m, x''_{m+1}, x'_{m+2}, \cdots, x'_n) \\
&= f(x''_1, \cdots, x''_m, x''_{m+1}, x'_{m+2}, \cdots, x'_n) - f(x'_1, \cdots, x'_m, x''_{m+1}, x'_{m+2}, \cdots, x'_n)
\end{aligned}
$$

となる。$x_{m+2}, \cdots, x_n$ に対しても同様の評価を繰り返すと，帰納的に

$$
\begin{aligned}
&f(x''_1, \cdots, x''_m, x'_{m+1}, \cdots, x'_n) - f(x'_1, \cdots, x'_m, x'_{m+1}, \cdots, x'_n) \\
&\le f(x''_1, \cdots, x''_m, x''_{m+1}, \cdots, x''_n) - f(x'_1, \cdots, x'_m, x''_{m+1}, \cdots, x''_n)
\end{aligned}
$$

が証明される。 $\square$

また，X が束，$f(x)$ が X 上の実数値関数としたとき，X の任意の 2 つの要素 x' と x'' に対して，

$$f(x') + f(x'') \leq f(x' \vee x'') + f(x' \wedge x'') \tag{2.1.2}$$

となるとき，$f(x)$ は X 上で x に関して**スーパーモジュール性をもつ**，あるいは，x に関して**スーパーモジュラー**であるという。またもし，任意の互いに順序付けられない $x' \in X$ と $x'' \in X$ に対して，

$$f(x') + f(x'') < f(x' \vee x'') + f(x' \wedge x'')$$

であれば，$f(x)$ は X 上で x に関して**強い意味のスーパーモジュール性をもつ**という。もし，$-f(x)$ がスーパーモジュール性をもつならば，$f(x)$ は x に関して**サブモジュール性をもつ**，あるいは，x に関して**サブモジュラー**であるといい，$-f(x)$ が強い意味のスーパーモジュール性をもつならば，$f(x)$ は x に関して**強い意味のサブモジュール性をもつ**という。

以上は相互補完性に関する概念であるが，最後に，自己補完性に関する概念の準備をしておく。R 上の凸関数 $f(x)$ の重要な性質のひとつとして，任意の $x' < x''$ と任意の $\epsilon > 0$ に対して，

$$f(x' + \epsilon) - f(x') \leq f(x'' + \epsilon) - f(x'')$$

が成立する。Kido [30] において，この性質を一般化する形で，**自己差分増加性**が定義された。$X \subset R^n$ として，$f(x)$ を X 上の実数値関数とする。$i \in \{1, \cdots, n\}$ に対して，$f(x)$ が X 上で x_i に関して**自己差分増加性をもつ**とは，任意の $x \in X, \alpha > 0, \beta > 0$ に対して各関数値が定まる限り，

$$f(x_i + \alpha, x_{-i}) - f(x_i, x_{-i}) \leq f(x_i + \alpha + \beta, x_{-i}) - f(x_i + \beta, x_{-i}) \tag{2.1.3}$$

が成り立つことをいう。ここで，(y, x_{-i}) は，x の第 i 成分の値のみ y に変更した X の要素を表す。（f が連続であれば自己差分増加性と凸性が同値であるこ

とが Topkis [84] の補題 2.6.2(a)(c) の証明を検討すればわかる。）自己差分増加性の定義は，アクティビティ i の実行水準を一定水準増加させたときに発生する追加的利得が，増加させる前の実行水準 x_i が高いほどより多くなることを表している。このとき，アクティビティ i は（$f(x)$ に関して）**自己補完性をもつ**という。この定義は 1.1.2 における定義の一般化になっている。また，(2.1.3) 式が常に真の不等号で成立するとき，x_i に関して**強い意味の自己差分増加性をもつ**という。

差分増加性あるいはスーパーモジュール性と自己差分増加性は異質な性質であるが，その一方で，相互に密接な関係をももつことを次節で示す。

2.2 補完性の性質

差分増加性とスーパーモジュール性は，1.1.2 における相互補完性の定義を 2 つの方向に一般化したものである。差分増加性は，"アクティビティ" を "アクティビティの組" に拡張して，2 つのアクティビティ組の間の補完性に着目する概念であり，スーパーモジュール性は，"2 つ" のアクティビティに対する条件を，たくさんあるアクティビティの中の "任意の 2 つ" に対する条件に拡張したもので，大域的補完性に相当する概念となる。

まず，スーパーモジュール性に関する性質を 1 つ示す。

補題 3. X が鎖ならば，X 上の任意の実数値関数はスーパーモジュラーかつサブモジュラーである。それゆえに，R の部分集合上の任意の実数値関数はスーパーモジュラーかつサブモジュラーである。

この補題は，大雑把な言い方をすると，スーパーモジュール性は，1 次元的な拡がりの中では意味をなさないことを示している。1 次元的ということは，2 つのアクティビティの間の関係はありえず，同一のアクティビティの間の自己補完性が問われる，ということである。すなわち，補題 3 は，スーパーモジュール

性は自己補完性とは直接的関係のない概念である，ということを示している。

　次の定理は，スーパーモジュール性が差分増加性より強い補完性の概念であることを示している。

定理 2 (Topkis [84]). A は集合，任意の $\alpha \in A$ に対して X_α は束，X は $\times_{\alpha \in A} X_\alpha$ の部分束，$f(x)$ は X 上でスーパーモジュラーな実数値関数であるとすると，$f(x)$ は，X 上で $(x_\alpha : \alpha \in A)$ に関して差分増加性をもつ。

証明. 相異なる $\alpha' \in A$ と $\alpha'' \in A$，および，すべての $\alpha \in A \setminus \{\alpha', \alpha''\}$ に対して，$x'_\alpha \in X_\alpha$ を，それぞれ任意に固定する。ここで，各 $\alpha \in A \setminus \{\alpha', \alpha''\}$ に対して $x_\alpha = x'_\alpha$ を満たす任意の $x \in X$ に対して，$g(x_{\alpha'}, x_{\alpha''}) = f(x)$ と定める。$g(x_{\alpha'}, x_{\alpha''})$ が，X の $(x'_\alpha : \alpha \in A \setminus \{\alpha', \alpha''\})$ における切片で，$(x_{\alpha'}, x_{\alpha''})$ の関数として差分増加性をもつことを示せば十分である。ここで，$x'_{\alpha'} \in X_{\alpha'}$，$x''_{\alpha'} \in X_{\alpha'}$，$x'_{\alpha''} \in X_{\alpha''}$，$x''_{\alpha''} \in X_{\alpha''}$ を，$x'_{\alpha'} \le x''_{\alpha'}$，$x'_{\alpha''} \le x''_{\alpha''}$，$\{(x'_{\alpha'}, x'_{\alpha''}), (x'_{\alpha'}, x''_{\alpha''}), (x''_{\alpha'}, x'_{\alpha''}), (x''_{\alpha'}, x''_{\alpha''})\} \subset X_{(x'_\alpha : \alpha \in A \setminus \{\alpha', \alpha''\})}$ の各条件を満たす範囲で任意にとる。すると，$f(x)$ のスーパーモジュール性により，

$$
\begin{aligned}
g(x'_{\alpha'}, x''_{\alpha''}) - g(x'_{\alpha'}, x'_{\alpha''}) &= g(x'_{\alpha'}, x''_{\alpha''}) - g(x'_{\alpha'} \wedge x''_{\alpha'}, x'_{\alpha''} \wedge x''_{\alpha''}) \\
&\le g(x'_{\alpha'} \vee x''_{\alpha'}, x'_{\alpha''} \vee x''_{\alpha''}) - g(x''_{\alpha'}, x'_{\alpha''}) \\
&= g(x''_{\alpha'}, x''_{\alpha''}) - g(x''_{\alpha'}, x'_{\alpha''})
\end{aligned}
$$

が得られる。   □

次の定理は，逆の関係を与えるもので，差分増加性と，各成分内 [*2] でのスーパーモジュール性を合わせて，全体におけるスーパーモジュール性が成立することを示している。

定理 3 (Topkis [84]). $X_1, \cdots, X_n$ は束，$\times_{i=1}^n X_i$ 上の実数値関数 $f(x)$ が $(x_1, \cdots, x_n)$ に関して差分増加性をもち，さらに，$f(x)$ が，各 $i' = 1, \cdots, n$ に対して，i' 以外の任意の i に対する成分 $x'_i \in X_i$ を任意に固定して考えたとき，$X_{i'}$ 上で $x_{i'}$ に関してスーパーモジュラーであるとすると，$f(x)$ は $\times_{i=1}^n X_i$ 上で x に関してスーパーモジュラーである。

[*2] 　ここでいう成分とは，直積を形成する各成分のことで，それは必ずしも 1 次元とは限らない。

証明. $\times_{i=1}^n X_i$ に属す x' と x'' を任意にとる。すると，次の変形において，差分増加性から補題 2 を各 i に対して $I = \{i\}$ として適用することにより 1 番目の不等式が得られ，次に，スーパーモジュール性から 2 番目の不等式が得られることがわかる。

$$
\begin{aligned}
f(x') &- f(x' \wedge x'') \\
&= \sum_{i=1}^n (f(x'_1, \cdots, x'_i, x'_{i+1} \wedge x''_{i+1}, \cdots, x'_n \wedge x''_n) \\
&\qquad - f(x'_1, \cdots, x'_{i-1}, x'_i \wedge x''_i, \cdots, x'_n \wedge x''_n)) \\
&\leq \sum_{i=1}^n (f(x'_1 \vee x''_1, \cdots, x'_{i-1} \vee x''_{i-1}, x'_i, x''_{i+1}, \cdots, x''_n) \\
&\qquad - f(x'_1 \vee x''_1, \cdots, x'_{i-1} \vee x''_{i-1}, x'_i \wedge x''_i, x''_{i+1}, \cdots, x''_n)) \\
&\leq \sum_{i=1}^n (f(x'_1 \vee x''_1, \cdots, x'_{i-1} \vee x''_{i-1}, x'_i \vee x''_i, x''_{i+1}, \cdots, x''_n) \\
&\qquad - f(x'_1 \vee x''_1, \cdots, x'_{i-1} \vee x''_{i-1}, x''_i, x''_{i+1}, \cdots, x''_n)) \\
&= f(x' \vee x'') - f(x'')
\end{aligned}
$$

以上より，$f(x)$ は $\times_{i=1}^n X_i$ 上でスーパーモジュラーであることが証明された。 □

以上の 2 つの定理から，X_α あるいは X_i を 1 つの領域と考えると，スーパーモジュール性は全体における補完性であるのに対して，差分増加性は領域間の補完性のみに関するもので，各領域内の補完性には触れない概念である，ということがわかる。木戸 [28] にならって，定理 3 を組織の補完性を示す際に重要な役割を示す階層定理として解釈し直すと次のようになる。$X = \times_{i=1}^n X_i$ が会社全体を表し，$X_1, \cdots, X_n$ は互いに独立に意思決定をしている下位の部署を表すものとする。すると，$\times_{i=1}^n X_i$ 上での $(x_1, \cdots, x_n)$ に関する差分増加性は部署間の補完性を意味し，X_i 上の x_i に関するスーパーモジュール性は部署内の補完性を意味する。定理 3 の主張は，各部署内の補完性と各部署間の補完性から全社的な補完性が従う，と解釈される。つまり，全社的な補完性を示そうとしたとき，組織構造をうまく利用できれば，問題を小さく分解することができる，ということである。図式的に表すと，

全体における補完性 ＝ 領域間の補完性 ＋ 各領域内における補完性

である。

次の系は，有限個の鎖の直積上では，差分増加性とスーパーモジュール性が一致することを示している。この結果は，補題 3 から，鎖上の任意の実数値関数がスーパーモジュラーであることから，定理 2 と定理 3 の帰結として得られる。

系 1 (Topkis [81]). $X_1, \cdots, X_n$ は鎖であるとき，実数値関数 $f(x)$ が $\times_{i=1}^n X_i$ 上で $(x_1, \cdots, x_n)$ に関して差分増加性をもつことと，$f(x)$ が $\times_{i=1}^n X_i$ 上で x に関してスーパーモジュール性をもつことは，同値である。

ここで，各部署は互いに独立にアクティビティを操作可能で，各部署 X_i が操作するアクティビティの組を $(x_{i1}, \cdots, x_{im_i}) \in \times_{j=1}^{m_i} X_{ij}$，ただし各 X_{ij} は鎖，としたとき，$X = \times_{i=1}^n X_i$ の代わりに $X = \times_{i=1}^n \times_{j=1}^{m_i} X_{ij}$ と考えるならば，アクティビティのレベルまで細かく分解して補完性を捉えることになる。このとき，各 X_{ij} は鎖で，その内部には，もはや相互的な補完性が発生する余地や複雑さはない。したがって，上で示した差分増加性とスーパーモジュール性の意味合いを考えると，この細かい分解 $\times_{i,j} X_{ij}$ 上では両者の概念は一致する。これが系 1 の意味するところである。しかしながら，すべての分析を最小単位のアクティビティのレベルでフラットに行うことは少ない。それはなぜだろうか？　人は，複雑なシステムを単純化することにより理解を深めることができる。似たようなもの，関連したものをひとくくりにして概念化することにより単純化を推し進め，思考の節約をすることによって，もう一段複雑な構造を理解できるようになる。その結果として階層構造が出現する。したがって，階層構造と密接に関連した複数の補完性概念が生まれることは，なんの不思議もないことなのである。むしろ，複数の概念を使い分けることにより補完構造の理解が深まる，と考えるべきなのである。

ここで，各種の補完性の微分による特徴付けをまとめておく。

定理 4. $X = R^n, Y = R^m$ とし，$X \times Y$ 上の実数値関数 $f(x, y)$ および X 上の実数値関数 $g(x)$ が C^2 級であるとき，すなわち，2 階連続微分可能であるとき，

(a) $f(x, y)$ が $X \times Y$ 上で (x, y) に関して差分増加性をもつことと，$X \times Y$ の任意の点で $\frac{\partial^2 f}{\partial x_i \partial y_j}(x, y) \geq 0, i = 1, \cdots, n, j = 1, \cdots, m$ となることは同値である。

(b) $g(x)$ が X 上で x に関してスーパーモジュール性をもつことと，X の任意の点で $\frac{\partial^2 g}{\partial x_i \partial x_j}(x) \geq 0, i, j = 1, \cdots, n : i \neq j$ となることは同値である。

(c) $g(x)$ が X 上で x_i に関して自己差分増加性をもつことは，X の第 i 座標以外を定める任意の点 x_{-i} で $g(x) = g(x_i, g_{-i})$ が x_i の関数として凸であることと同値であり，それはまた，X の任意の点で $\frac{\partial^2 g}{\partial x_i^2}(x) \geq 0$ であることと同値である。

次に，差分増加性を特徴付ける重要な性質を示す。Milgrom = Roberts [52] に記された命題に対する木戸 = 谷口 = 渡部 [32] による定式化を一般化した定理である。

定理 5 (システムの定理)．$X_1, \cdots, X_n$ を束とする。$X = \times_{i=1}^n X_i$ 上の実数値関数 $f(x)$ が $(x_1, \cdots, x_n)$ に関して差分増加性をもつ必要十分条件は，X に属す任意の $x', x'' : x' \leq x''$ に対して，

$$f(x'') - f(x') \geq \sum_{i=1}^n (f(x_i'', x_{-i}') - f(x'))$$

が成立することである。ここで，(x_i'', x_{-i}') は，x' の第 i 成分の値のみ x_i'' に変更した X の要素を表す。

証明. まず，$f(x)$ が X 上で $(x_1, \cdots, x_n)$ に関して差分増加性をもつならば，補題 2 を各 i に対して $I = \{i\}$ として適用することにより，

$$\begin{aligned} f(x'') - f(x') &= f(x_1'', \cdots, x_n'') - f(x_1', x_2'', \cdots, x_n'') \\ &\quad + f(x_1', x_2'', \cdots, x_n'') - f(x_1', x_2', x_3'', \cdots, x_n'') \\ &\quad + \cdots + f(x_1', \cdots, x_{n-1}', x_n'') - f(x_1', \cdots, x_n') \\ &\geq f(x_1'', x_2', \cdots, x_n') - f(x') \end{aligned}$$

$$+ f(x_1', x_2'', x_3', \cdots, x_n') - f(x')$$
$$+ \cdots + f(x_1', \cdots, x_{n-1}', x_n'') - f(x')$$
$$= \sum_{i=1}^{n} (f(x_i'', x_{-i}') - f(x'))$$

逆の関係を示すために，x' と x'' の成分が 2 つの異なる座標 i と j でのみ異なりうるとき（ただし $x' \leq x''$ は満たす）の不等式を考えると，

$$f(x_i'', x_j'', x_{-ij}') - f(x') \geq f(x_i'', x_{-i}') - f(x') + f(x_j'', x_{-j}') - f(x')$$

が成立していることになる。移項すると，

$$f(x_i'', x_j'', x_{-ij}') - f(x_i'', x_{-i}') \geq f(x_j'', x_{-j}') - f(x')$$

で，x' と x'' の順序と任意性を考え合わせると，この式は $f(x)$ が X 上で $(x_1, \cdots, x_n)$ に関して差分増加性をもつことを示している。　　　　　　　　　　　　　　　　□

定理 5 における不等式は，左辺が全要素の同時的な増加から得られるゲインを表し，右辺が個々別々の増加から得られるゲインの寄せ集めを表すと解釈できることから，「全体は部分の寄せ集め以上のものである」というシナジーとシステムの効果に関する直観的なアイデア（Weinberg[88] も参照）のひとつの定式化を与えていると解釈される。また，特別な場合として，右辺の個々別々の増加から得られるゲインがすべてマイナスであっても，同時に増加させた場合のゲインはプラスであるという状況は起こりうることを示している。これは，組織構造の改革において，全次元・全領域における協調的かつ同時的な修正は効果がある場合でも，断片的に段階を分けて修正を積み上げる方式では，十分に段階が進むまでの間はずっとマイナスの効果が続き，改革の方向性自体が間違っているという考えに流されやすくなり，結局，修正の累積によりプラスの効果が目に見えてくるまで修正を続けることができなくなり，改革は途中で失敗に終わる可能性が高いことの定式化になっている。また，他のシステムのよいところを一部だけ取り入れ，現状の大半を守ろうとしてもうまくいかない，ということの定式化になっているとも考えられる。系 1 と定理 5 から，次の系を得る。

系 2. $X_1, \cdots, X_n$ は鎖で，$X = \times_{i=1}^{n} X_i$ とする。X 上の実数値関数 $f(x)$

が x に関してスーパーモジュール性をもつ必要十分条件は，X に属す任意の $x', x'' : x' \leq x''$ に対して，

$$f(x'') - f(x') \geq \sum_{i=1}^{n} (f(x''_i, x'_{-i}) - f(x'))$$

が成立することである。

例 5. スーパーモジュラー関数の例をいくつか示す。(a) 以外の関数のスーパーモジュール性は，定理 4(b) を適用すれば容易に示される。

(a) S を集合とすると，S の部分集合の全体，すなわち，べき集合 $\mathcal{P}(S)$ は，集合の包含順序関係 $\subset$（等号の場合も含む）を入れて考えると束になる。$\mathcal{H}$ は $\mathcal{P}(S)$ の部分束，$f(X)$ は $\mathcal{H}$ 上の実数値関数で，任意の $X' \in \mathcal{H}$ と $X'' \in \mathcal{H}$ に対して，$f(X') + f(X'') \leq f(X' \cup X'') + f(X' \cap X'')$ が成立するものとすると，$f(X)$ は $\mathcal{H}$ 上で X に関してスーパーモジュラーである。これは協力ゲームの凸性条件であり，それは，補完性を意味するスーパーモジュール性にほかならない。

(b) 関数 $f(x) = x_1 x_2$ は，R^2 上で，x に関してスーパーモジュラーである。

(c) $x \in R^n$ と $t \in R^n$ に対する内積 $x \cdot t = \sum_{i=1}^{n} x_i \cdot t_i$ は，R^{2n} 上で，(x, t) に関してスーパーモジュラーである。t として価格ベクトルを考えると，$x \cdot t$ は，財（ベクトル）x の値段を表している。

(d) 任意の $i = 1, \cdots, n$ に対して $\alpha_i \geq 0$ ならば，**コブ=ダグラス型**関数 $f(x) = x_1^{\alpha_1} x_2^{\alpha_2} \cdots x_n^{\alpha_n}$ は，$\{x \in R^n : x \geq 0\}$ 上で，x に関してスーパーモジュラーである。この型の関数は，新古典派型生産関数を表す関数として用いられている。

次に，スーパーモジュール性が成り立つ状況をいくつか描写しておく。

例 6. ペルソナ社は，2 番目の仮想的な企業で，オーナー社長が創業した，高機能で高品質な商品を開発・製造・販売する中小企業であるとする。ペルソナ社では，オーナー社長が技術面での独創性から商売のうまさまで兼ね備えており，

すべてが社長決裁となっている。こういうカリスマ経営者に率いられた中小企
業においては，意思決定が迅速であり，ビジネスチャンスを逃すようなことは
ないのが特徴である。ただ，事業規模もかなり大きくなってくると，社長一人
で何もかもやるわけにはいかないので，人材を外部から調達せざるをえない。
中小企業では，よほど特別な商売でない限り，優秀な人材が入社を求めて殺到
し，その中から好きなように選抜をする，ということはない。また，規模の制
約から，製造部署においては，専門的に高い技能をもった単能工よりも，何で
も器用にこなす人材が求められる。したがって，雇用する人材に係るケイパビ
リティは，ペルソナ社のコア・ケイパビリティとなる。特に，新規に発生する
作業も含めて，柔軟に対応できる度合いを変数とすべきだろう。一方，製造設
備に関し，もし内製化している部品の種類が多いならば，特定の加工作業に特
化し，当該作業のみを最高の効率で行える専用機よりも，加工速度は劣るが，
ツール交換や段取り換えにより，さまざまな加工作業に対応できる汎用機のほ
うが，より適合している局面が多い。したがって，使用する製造装置の柔軟性
の度合いを，もう1つの変数とすべきである。モデルを簡単にするために，ペ
ルソナ社を特徴付ける変数をこの2変数に限っておく。すなわち，企業経営に
必要となる他の条件は適切に設定されるものとして，このモデルの考察の対象
からははずして考える。

　さて，独裁者といってもよいオーナー社長の意思決定は，企業の資産価値も
考慮に入れたものにするのが自然であろうが，ここでも話を単純化するために，
年間の利益にのみ着目することにする。すると，オーナー社長が直面する問題
は，雇用する工場労働者の柔軟性の度合い x_1 と，使用する製造装置の柔軟性の
度合い x_2 を，選択可能な何段階かのレベルの集合，それぞれ X_1 および X_2 と
する，から適切に選択して，年間利益 $f(x_1, x_2)$ を最大化する，ということに
なる。関数 f(労働者の柔軟性, 加工機の柔軟性) がスーパーモジュラーである，
という状況は，労働者の柔軟性がより高くなれば，より柔軟な加工機を導入し
たとき，その機械を使いこなせる人がより多くなり，使いこなす程度も高くな
るので，より柔軟な加工計画を組むことができるようになり，機械と人材をよ

り効率的に運用することが可能となり，その結果，最終的な利益はより増加する，といった状況である。

例 7. パトナー社は，3番目の仮想的な企業で，高校入試のための進学塾で，3人の先生が中心となって設立・運営されている会社であるとする。目的は利益の最大化だが，そのために，塾全体としての目標校のレベルを定め，すなわちマーケットを選択し，それに応じた生徒を集め，目標校に向けて教育指導をしていかなければならない。教育指導の一部として，教育の効率化と，生徒の競争心を勉強への集中にうまく結びつけるため，レベル別クラス編成の導入を選択肢としてもっている。モデルを簡単にするため，決定変数を以上の2つとすると，パトナー社が直面している最適化問題は次のようになる。決定変数 x_1 は目標校のレベル，x_2 はレベル別クラス編成の度合いとする。$x = (x_1, x_2)$ に対する制約集合の例として，x_1 に対しては $X_1 = \{$ 一般校のみ，一般校と上位校，上位校と難関校 $\}$，x_2 に対しては $X_2 = \{$ レベル別クラス編成をしない，一般と選抜の2レベル，一般・選抜・特選の3レベル $\}$ を考える。それら制約集合からの選択の組合せに対し，ほかに必要な条件があれば適切に設定するとして，利益の見積りを $f(x)$ で表す。パトナー社の最適化問題は，制約集合上で $f(x)$ を最大化することになる。関数 f(目標校のレベル,能力別クラス編成の度合い) がスーパーモジュラーである，という状況は，目標校のレベルを高くした場合，より細かな能力別クラス編成にしたとき，クラス内の能力のばらつきがより少なくなるので，例えば，能力の高いクラスには低いレベルの知識は前提とでき，そのために費やしていた時間をより高いレベルの知識の習得に回すことができるので，目標校をレベルアップした効果を一様に期待することができる。その結果，より上位の学校への合格率が高まり，顧客満足度が高まった結果として，利益の増加を見込むことができる，といった状況である。

例 8. 例2で導入したミュラー社の場合，関数 f(労働者の柔軟性,加工機の柔軟性) がスーパーモジュラーである，という状況は，ペルソナ社の場合と同じ状況を意味する。補完構造は，企業の規模には依らない場合もあるのである。

さて，企業にとって，さまざまな選択肢の中から意思決定をして期間利益を最大化する，という最適化問題はいつも重要な問題であろう。Milgrom ＝ Roberts [50] 以降，多くの研究者がスーパーモジュール性に基づいて，利益を最大化する現代企業のモデルを作り，その利益最大化行動に関連した分析をしている。例えば，Topkis [84] の 3.3 の中では，数多くのタイプの企業モデルが整理されている。では，より複雑な設定の中で，企業利益を表す関数のスーパーモジュール性はいかにして示したらよいのだろうか？　企業の特定の関数がスーパーモジュール性をもつか否か，また，どの程度のスーパーモジュール性があるか，ということがわかれば，企業戦略の立案に有用であることは間違いない。しかし現状では，それを示す理論は，ごくわずかしかない。ひとつのルートが，定理 3 およびそのあとで触れた階層定理としての解釈である，全体的な補完性を段階的に示す，というアイデアである。2.4 で，同様のアイデアで，補完関係が成立しているアクティビティの範囲を拡大したり，補完性の度合いを強化するためのルートを定理の形で述べる。それらの定理は，補完性の利益を追求して改革を進める企業行動を定式化する試みになっている。本節では，そのための基礎となる命題を示す。

　まずは，関数のスーパーモジュール性を導くシンプルな命題を示す。

定理 6 (Topkis [84]). X は束とする。

(a) $f(x)$ は X 上の実数値関数で x に関してスーパーモジュラーで，$\alpha > 0$ であるとすると，関数 $(\alpha f)(x)$ は X 上で x に関してスーパーモジュラーである。

(b) $f(x)$ と $g(x)$ が X 上の実数値関数で x に関してスーパーモジュラーであるとすると，関数 $(f + g)(x)$ は，X 上で x に関してスーパーモジュラーである。

(c) $k = 1, 2, \cdots$ に対して $f_k(x)$ が X 上の実数値関数で x に関してスーパーモジュラーで，各 $x \in X$ に対して $\lim_{k \to \infty} f_k(x) = f(x)$ が有限であるとすると，関数 $f(x)$ は X 上で x に関してスーパーモジュラーである。

(d) X と T は束，S は $X \times T$ の部分束，$f(x,t)$ は S 上で (x,t) に関してスーパーモジュラーな実数値関数，$g(t) = \sup_{x \in S_t} f(x,t)$ は $\Pi_T S$ 上で有限であるとする。このとき，関数 $g(t)$ は $\Pi_T S$ 上で t に関してスーパーモジュラーである。

証明. (a) $f(x)$ のスーパーモジュール性より，任意の $x',x'' \in X$ に対して，$f(x')+f(x'') \le f(x' \vee x'') + f(x' \wedge x'')$ である。両辺に正の数 α を乗じても不等号の向きは変わらないから，$\alpha f(x') + \alpha f(x'') \le \alpha f(x' \vee x'') + \alpha f(x' \wedge x'')$ である。これは，関数 $(\alpha f)(x)$ がスーパーモジュラーであることを示している。

(b) $f(x)$ と $g(x)$ のスーパーモジュール性より，任意の $x',x'' \in X$ に対して，$f(x')+f(x'') \le f(x' \vee x'') + f(x' \wedge x'')$ および，$g(x')+g(x'') \le g(x' \vee x'') + g(x' \wedge x'')$ である。2 式の両辺を足し合わせると，関数の加法の定義から $f(x) + g(x) = (f+g)(x)$ であることに注意して，$(f+g)(x') + (f+g)(x'') \le (f+g)(x' \vee x'') + (f+g)(x' \wedge x'')$ を得る。これは，関数 $(f+g)(x)$ がスーパーモジュラーであることを示している。

(c) 各関数 $f_k(x)$ のスーパーモジュール性より，任意の $x',x'' \in X$ に対して，$f_k(x') + f_k(x'') \le f_k(x' \vee x'') + f_k(x' \wedge x'')$ である。両辺で，$k \to \infty$ とした極限をとると，仮定より極限値は存在し，また，極限演算によって不等号の向きは変わらないので，$f(x')+f(x'') \le f(x' \vee x'') + f(x' \wedge x'')$ を得る。これは，関数 $f(x)$ がスーパーモジュラーであることを示している。

(d) $t' \in \Pi_T S$，$t'' \in \Pi_T S$，$x' \in S_{t'}$，$x'' \in S_{t''}$ を，それぞれ任意にとる。S は，$X \times T$ の部分束なので，$(x' \vee x'', t' \vee t'') = (x',t') \vee (x'',t'')$ と，$(x' \wedge x'', t' \wedge t'') = (x',t') \wedge (x'',t'')$ は，S に属している。したがって，$f(x,t)$ のスーパーモジュール性と，$g(t)$ の定義から，

$$\begin{aligned} f(x',t') + f(x'',t'') &\le f(x' \vee x'', t' \vee t'') + f(x' \wedge x'', t' \wedge t'') \\ &\le g(t' \vee t'') + g(t' \wedge t'') \end{aligned}$$

が成り立っている。両辺の，$x' \in S_{t'}$ と $x'' \in S_{t''}$ に関する最小上界をとれば，求める結果が得られる。 $\square$

例 9. 定理 6(d) を企業の枠組みで解釈してみよう。企業の本質的な意思決定が n 個の選択変数 $x_1, \cdots, x_n$ で表されるとする。各選択 x_i は制約条件を表す束 S_i に属すものとする。意思決定の結果として定まる企業の利益を $f(x_1, \cdots, x_n)$ とし，その利益は，$(x_1, \cdots, x_n)$ に関してスーパーモジュラーであるとする。さて，今年度から新しい試みとして，意思決定を 2 段階に分けることにしたとする。まず，主たる意思決定として，選択変数 $x_1, \cdots, x_m$，ただし $m < n$，を決める。次に，選択された値 $(x_1, \cdots, x_m)$ を前提として，従属的な意思決定

$x_{m+1}, \cdots, x_n$ を，利益が最大になるようにくだすものとする。この従属的な意
思決定問題は，

$$\max_{(x_{m+1}, \cdots, x_n) \in \times_{i=m+1}^n S_i} f(x_1, \cdots, x_n)$$

となる。その結果として得られる企業利益を $g(x_1, \cdots, x_m)$ で表す。定理 6(d)
によると，関数 $g(x_1, \cdots, x_m)$ はスーパーモジュラーである。すなわち，下位
組織が従属的な意思決定を最適に実施することを見込めるならば，上位組織に
おいては，限定された（より重要な）選択変数 $x_1, \cdots, x_m$ の選択に際して，そ
れらが企業利益を尺度として依然補完的であることを前提として，意思決定を
くだすことができる。この解釈の見方を少し変えたものが次の例である。

例 10 (Milgrom゠Roberts [52])．企業は n 個所の部署に分かれているものと
し，意思決定の迅速化，処理する情報量の節約，モチベーションの向上などのた
め，部署ごとに意思決定 $x_1, \cdots, x_n$ がなされているものとする。ただし，意思
決定に際しては，全部署のトップが出席する取締役会などで，全社的利益の最
大化に向けた調整は行われるものとする。当初の利益関数は $f(x_1, \cdots, x_n)$ で，
$(x_1, \cdots, x_n)$ に関してスーパーモジュラーであるとする。環境変化に合わせて
自らを変えようとする各部署は，利益が見込める新しい活動を，その部署の強
みとしている活動に対して補完的な部分に見つけることが有利であろう。その
場合，当該部署において，新規の活動水準 y_i に応じて，新規の利益 $g_i(x_i, y_i)$
が発生する。これは，企業において，部署ごとの限定合理的な努力として，既
存のアクティビティ（特にコア・アクティビティ）に補完的なアクティビティ
を加えていくことを表している。短期的には，y_i は，x_i のみと相互作用をもち
うるものとし，他の部署における選択変数 $x_j, y_j, j = 1, \cdots, i-1, i+1, \cdots, n$
とはなんらの関係もないものとする。$n = 2$ の場合，以上の関係を図示すると
次のようになる。

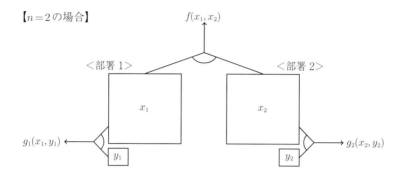

以上より，全社的な利益関数は，

$$f(x_1, \cdots, x_n) + \sum_{i=1}^{n} g_i(x_i, y_i) \tag{2.2.1}$$

で表される。y_i の選び方から，g_i は (x_i, y_i) に関してスーパーモジュラーと考えて
よいとすると，定理6(b) より，新たな利益関数 (2.2.1) は $(x_1, \cdots, x_n, y_1, \cdots, y_n)$
に関してスーパーモジュラーである。したがって，

$$\hat{f}(x_1, \cdots, x_n) = \max_{(y_1, \cdots, y_n)} \{f(x_1, \cdots, x_n) + \sum_{i=1}^{n} g_i(x_i, y_i)\} \tag{2.2.2}$$

は，定理6(d) より，スーパーモジュラーであることがわかる。すなわち，企業
の意思決定として，部署が主体となってくだされるが全社的な調整を施された
意思決定を $x_1, \cdots, x_n$ とし，部署内に影響が限定される（と考えられている）
意思決定 y_i は x_i に対して最適となるように部署内でくだされるとすると，そ
のような意思決定 $x_1, \cdots, x_n$ に対して，企業の総利益 (2.2.2) は，依然として
スーパーモジュラーであり，企業内部の全アクティビティ間の補完性は保たれ
ていることになる。

　ただし，当初は以上のように利益関数のスーパーモジュール性を保ったまま
企業活動を拡大できたとしても，新規の活動規模 $y_1, \cdots, y_n$ が相対的に大きく
なるにつれ，他の部署における活動 $x_j, y_j, j = 1, \cdots, i-1, i+1, \cdots, n$ との
間に無視しえない相互作用が発生することも十分に考えられる。このとき，意

思決定の分権化が，弊害としてセクショナリズムをもたらした場合 *3，有効な
部署間の調整が成されず，企業はしだいに補完性の利益を失うことになってい
くことも多い。

次の定理は，関数を広い意味で合成することにより，スーパーモジュラー関数
を構成的に作る方法を示している。同時に，相互補完性と自己補完性の絡み合
い方を示す定理のひとつになっている。

定理 7 (Topkis [84] の補題 2.6.4 の変種，Kido [30] の定理 3)**.** X を束とし，
各 $i = 1, \cdots, m$ に対して，X 上の実数値関数 $g_i(x)$ は x に関して増加的かつ
スーパーモジュール性をもち，Z_i は R の凸部分集合で $g_i(x)$ の値域を含むと
する。$f(z_1, \cdots, z_m, x)$ は $(\times_{i=1}^m Z_i) \times X$ 上の実数値関数で $(z_1, \cdots, z_m, x)$ に
関してスーパーモジュール性をもち，かつ，各 $i = 1, \cdots, m$ に対して，（z_i 以
外の変数の任意に固定された値に対して）z_i に関して増加的かつ自己差分増加
性をもつとすると，合成関数 $f(g_1(x), \cdots, g_m(x), x)$ は X 上で x に関してスー
パーモジュール性をもつ。

証明. この証明はかなりの計算を必要とする。Topkis [84] の証明を検討すれば，ここでの変
種にも通用することがわかる。　　　　　　　　　　　　　　　　　　　　　□

定理 7 と双対的に次の定理が成立する。この定理は，相互補完性と自己
補完性のもうひとつの絡み合い方を示している。類似の命題として，Bau-
mol = Panzar = Willig [8] は，生産コスト関数に対して，範囲の経済が，生産物
ごとの規模の経済の効果を増強して全体的な規模の経済を導く，ということを
示した。

定理 8 (Kido [30] の定理 4)**.** X を R^n の凸部分集合とし，$\ell \in \{1, \cdots, n\}$ を
固定する。各 $i = 1, \cdots, m$ に対して，X 上の実数値関数 $g_i(x)$ は x に関して

---

*3　こうしたセクショナリズムを打破するためのツールとして，日産自動車のゴーン社長
　　（当時）は CFT（クロス・ファンクショナル・チーム）を活用した。

増加的かつ x_ℓ に関して自己差分増加性をもつとし，Z_i は R の凸部分集合で $g_i(x)$ の値域を含むとする。$f(z_1, \cdots, z_m, x)$ は $(\times_{i=1}^m Z_i) \times X$ 上の実数値関数で $(z_1, \cdots, z_m, x)$ に関して差分増加性をもち，かつ，各 $i = 1, \cdots, m$ に対して，（z_i 以外の変数の任意に固定された値に対して）z_i に関して増加的かつ自己差分増加性をもち，さらに，x_ℓ に関して自己差分増加性をもつとすると，合成関数 $f(g_1(x), \cdots, g_m(x), x)$ は X 上で x_ℓ に関して自己差分増加性をもつ。

証明. $x' = (x'_\ell, x'_{-\ell}), x'' = (x''_\ell, x'_{-\ell}) \in X$, $x'_\ell \leq x''_\ell$, $\epsilon > 0$ とし，$\bar{x}' = (x'_\ell + \epsilon, x'_{-\ell})$, $\bar{x}'' = (x''_\ell + \epsilon, x'_{-\ell})$ と定め，$\bar{x}', \bar{x}'' \in X$ が満たされていると仮定する。このとき，

$$f(g_1(\bar{x}'), \cdots, g_m(\bar{x}'), \bar{x}') - f(g_1(x'), \cdots, g_m(x'), x')$$
$$\leq f(g_1(\bar{x}''), \cdots, g_m(\bar{x}''), \bar{x}'') - f(g_1(x''), \cdots, g_m(x''), x'')$$

が満たされることを示せばよい。まず，$g_1(x)$ の増加性と x_ℓ に関する自己差分増加性，および $f(z_1, \cdots, z_m, x)$ の z_1 に関する増加性と自己差分増加性より，

$$f(g_1(\bar{x}'), \cdots, g_m(\bar{x}'), \bar{x}') - f(g_1(x'), \cdots, g_m(x'), x')$$
$$= f(g_1(x') + (g_1(\bar{x}') - g_1(x')), g_2(\bar{x}'), \cdots, g_m(\bar{x}'), \bar{x}') - f(g_1(x'), g_2(\bar{x}'), \cdots, g_m(\bar{x}'), \bar{x}')$$
$$+ f(g_1(x'), g_2(\bar{x}'), \cdots, g_m(\bar{x}'), \bar{x}') - f(g_1(x'), \cdots, g_m(x'), x')$$
$$\leq f(g_1(x'') + (g_1(\bar{x}') - g_1(x')), g_2(\bar{x}'), \cdots, g_m(\bar{x}'), \bar{x}')$$
$$- f(g_1(x''), g_2(\bar{x}'), \cdots, g_m(\bar{x}'), \bar{x}')$$
$$+ f(g_1(x'), g_2(\bar{x}'), \cdots, g_m(\bar{x}'), \bar{x}') - f(g_1(x'), \cdots, g_m(x'), x')$$
$$\leq f(g_1(\bar{x}''), g_2(\bar{x}'), \cdots, g_m(\bar{x}'), \bar{x}') - f(g_1(x''), g_2(\bar{x}'), \cdots, g_m(x'), x')$$
$$+ f(g_1(x''), g_2(\bar{x}'), \cdots, g_m(x'), x') - f(g_1(x''), g_2(\bar{x}'), \cdots, g_m(\bar{x}'), \bar{x}')$$
$$+ f(g_1(x'), g_2(\bar{x}'), \cdots, g_m(\bar{x}'), \bar{x}') - f(g_1(x'), \cdots, g_m(x'), x')$$

となる。最右辺の最後の 4 項は，f が差分増加性をもつので，補題 2 を $I = \{1\}$ として適用すると，各 g_i の増加性から，$g_1(x'') \geq g_1(x')$, $(g_2(\bar{x}'), \cdots, g_m(\bar{x}')) \geq (g_2(x'), \cdots, g_m(x'))$ なので，

$$- \Big(\big(f(g_1(x''), g_2(\bar{x}'), \cdots, g_m(\bar{x}'), \bar{x}') - f(g_1(x'), g_2(\bar{x}'), \cdots, g_m(\bar{x}'), \bar{x}') \big)$$
$$- \big(f(g_1(x''), g_2(x'), \cdots, g_m(x'), x') - f(g_1(x'), g_2(x'), \cdots, g_m(x'), x') \big) \Big)$$
$$\leq 0$$

を得る。以上を合わせて，

$$f(g_1(\bar{x}'), \cdots, g_m(\bar{x}'), \bar{x}') - f(g_1(x'), \cdots, g_m(x'), x')$$

$$\leq f(g_1(\bar{x''}), g_2(\bar{x'}), \cdots, g_m(\bar{x'}), \bar{x'}) - f(g_1(x''), g_2(x'), \cdots, g_m(x'), x')$$

が証明された．次に，$1 \leq i \leq m-1$ を満たすある i に対して

$$f(g_1(\bar{x'}), \cdots, g_m(\bar{x'}), \bar{x'}) - f(g_1(x'), \cdots, g_m(x'), x')$$
$$\leq f(g_1(\bar{x''}), \cdots, g_i(\bar{x''}), g_{i+1}(\bar{x'}), \cdots, g_m(\bar{x'}), \bar{x'})$$
$$- f(g_1(x''), \cdots, g_i(x''), g_{i+1}(x'), \cdots, g_m(x'), x')$$

が成り立ったとすると，

$$f(g_1(\bar{x'}), \cdots, g_m(\bar{x'}), \bar{x'}) - f(g_1(x'), \cdots, g_m(x'), x')$$
$$\leq f(g_1(\bar{x''}), \cdots, g_{i+1}(\bar{x''}), g_{i+2}(\bar{x'}), \cdots, g_m(\bar{x'}), \bar{x'})$$
$$- f(g_1(x''), \cdots, g_{i+1}(x''), g_{i+2}(x'), \cdots, g_m(x'), x')$$

が，$g_{i+1}(x)$ の増加性と x_ℓ に関する自己差分増加性，および $f(z_1, \cdots, z_m, x)$ の相互差分増加性と z_{i+1} に関する増加性と自己差分増加性より，まったく同様の評価で証明される．したがって，帰納的に，

$$f(g_1(\bar{x'}), \cdots, g_m(\bar{x'}), \bar{x'}) - f(g_1(x'), \cdots, g_m(x'), x')$$
$$\leq f(g_1(\bar{x''}), \cdots, g_m(\bar{x''}), \bar{x'}) - f(g_1(x''), \cdots, g_m(x''), x')$$

が成り立つことがわかる．右辺は，$f(z_1, \cdots, z_m, x)$ の x_ℓ に関する自己差分増加性より，

$$f(g_1(\bar{x''}), \cdots, g_m(\bar{x''}), \bar{x'}) - f(g_1(x''), \cdots, g_m(x''), x')$$
$$\leq f(g_1(\bar{x''}), \cdots, g_m(\bar{x''}), \bar{x''}) - f(g_1(x''), \cdots, g_m(x''), \bar{x''})$$
$$+ f(g_1(\bar{x''}), \cdots, g_m(\bar{x''}), x') - f(g_1(x''), \cdots, g_m(x''), x')$$
$$= f(g_1(\bar{x''}), \cdots, g_m(\bar{x''}), \bar{x''}) - f(g_1(x''), \cdots, g_m(x''), \bar{x''})$$
$$+ f(g_1(\bar{x''}), \cdots, g_m(\bar{x''}), x') + f(g_1(x''), \cdots, g_m(x''), \bar{x''})$$
$$- f(g_1(\bar{x''}), \cdots, g_m(\bar{x''}), \bar{x''}) - f(g_1(x''), \cdots, g_m(x''), x')$$

という評価を得る．f が差分増加性をもつので，補題 2 を $I = \{m+1\}$ として最右辺の最後の 4 項に適用すると，$x'' \geq x'$ と，各 g_i が増加的だから $(g_1(\bar{x''}), \cdots, g_m(\bar{x''})) \geq (g_1(x''), \cdots, g_m(x''))$ なので，4 項の和は非正であることがわかる．

以上をまとめて，

$$f(g_1(\bar{x'}), \cdots, g_m(\bar{x'}), \bar{x'}) - f(g_1(x'), \cdots, g_m(x'), x')$$
$$\leq f(g_1(\bar{x''}), \cdots, g_m(\bar{x''}), \bar{x''}) - f(g_1(x''), \cdots, g_m(x''), x'')$$

が証明された．　　　　　　　　　　　　　　　　　　　　　　　　　　　　　□

定理 7 と定理 8 の構造を図式化すると次のようになる．

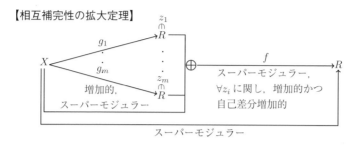

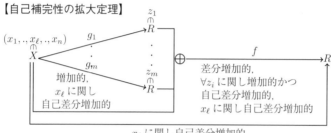

合成関数において相互補完性をもつためには，関連するすべての関数において相互補完性をもつだけではなく，一部に自己補完性も必要になること，また合成関数において自己補完性をもつためにも同様なことが必要になることが視覚化されている。企業経営においては，さまざまな種類の補完性を意識的に適切に組み合わせることにより，全体として大きな補完性の利益を実現できることになるだろう。そのためのより具体的な方法を示す定理を 2.4 で扱う。

2.3 最適化問題

次に示すのは，フランス訪問中，漫画家達からアドバイスを求められたときにウォルト・ディズニーが言った言葉である [*4]。「前衛的なものにしようとしては

---

*4　ディズニー [14, p.65] を参照。

いけない。商業的になるんだ。芸術とは大衆が好むものなんだから，彼らが欲しいと思ってるものを提供するんだ。商業的であって悪いことは何もないよ。」その結果は，必然的に環境に適合したものとなるであろう。ディズニー社のアニメは，親の思いを裏切ることはなく，強い支持を受けて成長していった。この節では，このような環境との共進的増加関係を定式化する。そのためにまず，単純な最適化問題をまとめておく。

集合 X に含まれる S 上で実数値関数 $f(x)$ を最大化する問題において，関数 $f(x)$ を**目的関数**，x を**決定変数**，決定変数 x として許容される値の集合 S を**制約集合**という。制約集合とは，言葉を変えると，実行可能な選択肢の集合を表す。すべての最適解の集合，つまり，S を制約集合として

$$\{x' \in S : 任意の\ x \in S\ に対して\ f(x) \leq f(x')\}$$

を，$\mathbf{argmax_{x \in S} f(x)}$ とか $\mathbf{argmax\{f(x) : x \in S\}}$ と表す。最適解は，一般には唯一に定まる保証はないので，集合として捉える必要がある。最適解が複数発生するのは，例えば，あるアクティビティに係るボトルネックの発生により，他のアクティビティの実行水準をさらに上げても，（十分な）効果が出ないような状況である。

定理 9. 実数値関数 $f(x)$ が束 X 上で x に関してスーパーモジュール性をもつならば，$\mathrm{argmax}_{x \in X} f(x)$ は X の部分束である。

証明. x' と x'' が $\mathrm{argmax}_{x \in X} f(x)$ に属すとする。$f(x)$ は束 X 上でスーパーモジュラーで，x' と x'' は $\mathrm{argmax}_{x \in X} f(x)$ に属しているので，

$$0 \leq f(x'') - f(x' \wedge x'') \leq f(x' \vee x'') - f(x') \leq 0$$

となり，$f(x' \wedge x'') = f(x'') = f(x') = f(x' \vee x'')$ が示される。これより，$x' \vee x''$ と $x' \wedge x''$ が $\mathrm{argmax}_{x \in X} f(x)$ に属すことが示された。　　　　　　　　　　　　□

系 3. 実数値関数 $f(x)$ が非空な有限束 X 上で x に関してスーパーモジュール性をもつならば，$\mathrm{argmax}_{x \in X} f(x)$ は X の非空な部分束で最大元と最小元をもつ。

証明. まず, X は有限なので, $\mathrm{argmax}_{x \in X} f(x)$ が非空であることはただちにわかる. 定理 9 より, $\mathrm{argmax}_{x \in X} f(x)$ は X の部分束である. 最大元と最小元の存在性は, 定理 1 から従う. $\square$

次の定理は, 関数に強い意味のスーパーモジュール性があれば, 最適解の集合 $\mathrm{argmax}_{x \in X} f(x)$ はさらに単純な形に限定されて, 鎖になることを示している.

定理 10 (Topkis [84]). 実数値関数 $f(x)$ が束 X 上で x に関して強い意味のスーパーモジュール性をもつならば, $\mathrm{argmax}_{x \in X} f(x)$ は鎖である.

証明. $\mathrm{argmax}_{x \in X} f(x)$ に属す x' と x'' を任意にとる. x' と x'' が順序付けられないと仮定すると, $f(x)$ は X 上で強い意味でスーパーモジュラーで, x' と x'' は $\mathrm{argmax}_{x \in X} f(x)$ に属すことから,

$$0 \le f(x'') - f(x' \wedge x'') < f(x' \vee x'') - f(x') \le 0$$

となるが, これは矛盾である. したがって, $\mathrm{argmax}_{x \in X} f(x)$ は, 順序付けられないような要素を含むことはなく, それは鎖である. $\square$

定理 10 の結論について少し考えてみよう. 今, 最適解の集合 $\mathrm{argmax}_{x \in X} f(x)$ は複数の要素を含むとする. それが鎖であるということは, それに含まれる各要素を大きさの順に並べることができる, ということである. しかしながら, 順序を明確に付けられる複数の状態において, 同じ最高益が得られるということは, その順序, すなわち鎖の内部においてアクティビティの実行水準の大きさを表す合成尺度は, 企業利益に関する優劣とは無関係な 1 つの方向を示している, ということになる. 極端な言い方をすると, 企業利益の分析に際し, 有意性のないアクティビティあるいは制約集合の範囲まで考察の対象として含んでいる可能性があることになる.

例 11. 例 2 で導入したミュラー社の例で, 最適解の集合が複数の要素を含む可能性を考えてみよう. 製造部署において, 柔軟性の高い労働者を採用し, 多品種生産に潜在的にはもっとも適した高性能で多種類の加工に対応できる汎用機を導入したとしよう. その新しい汎用機は, 従来の汎用型の機械とは設計思想が大きく異なり, 十分な性能を引き出すために必要とする労働者の技能水準が

著しく高く，また，労働者が高い技能水準をもっていたとしても，治具や工具
の製作を含めて，この新しい思想で作られた機械の運用ノウハウを習熟するま
でに要する期間が著しく長いとする。この場合，機械の導入時点において，要
求される技能水準に対して十分な能力をもった労働者はいないかもしれないし，
またいたとしても十分な人数ではないかもしれない。すると，機械は当分の間，
十分な性能を発揮することはできないので，潜在的な可能性は別として，当面
の利益は低いものとなりうる。その結果，例えば，$x = (2〜3$ の作業が可能な
労働者,ある程度ツールとプログラムを交換できる汎用機)，$x = (3$ つ以上の作
業ができるうえに新しい作業能力を短時間で習得可能な労働者,ある程度ツール
とプログラムを交換できる汎用機)，$x = (3$ つ以上の作業ができるうえに新し
い作業能力を短時間で習得可能な労働者,マシニングセンターのように多種類の
加工に対応できる汎用機) の 3 通りの組合せに対する利益の推計値がみな等し
くなったとする。他の決定変数値の組に対しては，より低い利益しか見込めな
いとすると，最適解は（少なくとも短期的には）部分束を形成する上記の 3 通
りとなる。

次に，**パラメータ付きの最適化問題**を定める。これは，例えば，時間や環境を
表すパラメータを付加した最適化問題で，パラメータ集合 T に含まれる各パラ
メータ t に対して，

$$f(x,t) \text{ を制約条件 } x \in S_t \text{ のもとで最大化せよ} \tag{2.3.1}$$

という最適化を考える問題である。ここで，x は集合 X に属す**決定変数**であり，**制
約集合** S_t は X の部分集合で t に依存する。さらに，**目的関数** $f(x,t)$ も t に依存
する。このとき，T に含まれるパラメータ t は，最適解の集合 $\mathrm{argmax}_{x \in S_t} f(x,t)$
に影響を与えるのが一般的である。

制約集合の形は次の形状を仮定されることが多い（一般の枠組みでは部分束で
あると仮定される）。

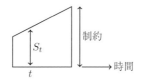

　制約集合の時間的変化は，例えば，{ やらない，少しやる } から，{ やらない，少しやる，結構やる }，{ やらない，少しやる，結構やる，ものすごくやる } に変化していく，といったものである。それは，時間とともに学習が進み，ケイパビリティが増加していった結果，実行可能な水準も上がっていくことを表している。

例 12. 例 6 で導入したペルソナ社は製造会社であるが，その商品は製造設備用部品であるとする。顧客は多岐にわたるが，主として，自動車産業と製造設備産業を念頭においておく。日本の製造業は，製造ラインがストップすると莫大なコストアップにつながるので，ライン全体に影響が及ぶような設備部品の信頼性（長期間安定して十分な性能が持続すること）を重視せざるをえない。したがって，ペルソナ社にとって，環境変数 t を，製品の信頼性に対して顧客が要求する水準とすることは適当である。この場合，例 6 で示した制約集合は t によって変化するとは考えがたいが，もし制約集合に商品の品質に影響を及ぼす要素が含まれる場合，t が大きいときには，品質の低下につながるような決定変数値は，あらかじめ選択の対象から除外せねばならないだろう。このような可能性を考え合わせると，問題設定によっては，制約集合 S_t は t に依存して変化する，という場合があることを納得できるであろう。顧客となる産業における製品の信頼性に対する要求水準に応じて商品需要の構成が変わるならば，ペルソナ社の利益は t に依存することになり，$f(x,t)$ と表現せざるをえない。

例 13. 例 7 で導入したパトナー社は高校入試のための進学塾である。世間の親が，子供に対してより高学歴を求めるようになったとしよう。その理由は 1 つではなく，例えば，高度で難関な大学に向けた教育を受ける機会を期待する場合もあれば，そのような大学を目指す向上心の高い他の子供から受ける刺激を期

待する場合もあるだろう。いずれにしても，世間における進学熱の度合い t が，受験産業においては重大な環境変数となる。進学熱 t が一般に高ければ，進学塾のあり方も，目標と，対象とする生徒層に応じて，いくつかのカテゴリーに分かれるかもしれない。その場合，カテゴリーごとに，制約集合 S_t の形状や，利益関数 $f(x, t)$ の構造が大きく変わることもありうるだろう。

例 14. 例 2 と例 11 で導入したミュラー社は，自動車を製造・販売しているので，自動車ユーザーの好みは重要な環境変数である。他人の車とは異なる個性的なデザインの車を求める人の割合，環境にやさしい省エネ車を求める人の割合や，長持ちする車を求める人の割合は大きな要因となる。中でも，人とはちょっと違うという個性を主張できる車に対する嗜好の強さは，柔軟な生産の必要性に大きく関わってくる。したがって，製造面の柔軟性にのみ着目した簡易モデルにおいては，いくつも考えられる要因の中から，個性的な物に対する世間での嗜好の強さのみを環境変数 t とすることになろう。黒の T 型フォードで十分だという人ばかりでは，柔軟な生産は利益に結びつかない。

ここで，X を半順序集合とする。**誘導集合順序** $\sqsubseteq$ とは，X 上の順序関係 $\leq$ から誘導された X の部分束間の順序で，次のように定義される。X の非空な部分束の全体からなる族を $\boldsymbol{\mathcal{L}(X)}$ とする。$\mathcal{L}(X)$ の中で，$X' \sqsubseteq X''$ を，$x' \in X'$ かつ $x'' \in X''$ ならば，常に，$x' \wedge x'' \in X'$ かつ $x' \vee x'' \in X''$ が従うこと，と定める。

定理 11 (Topkis [84]). X を束とすると，$\mathcal{L}(X)$ は，順序関係 $\sqsubseteq$ をもつ半順序集合である。

証明. この証明はかなりの計算を必要とする。Topkis [84] を参照。　　　　□

X' と X'' が一点集合だったとする。すなわち，$X' = \{x'\}, X'' = \{x''\}$ の場合，$X' \sqsubseteq X''$ は，$x' = x' \wedge x'', x'' = x' \vee x''$ となるので，$x' \leq x''$ を意味する。したがって，集合の間の順序 $\sqsubseteq$ は，要素間の順序 $\leq$ の一般化になっている。以

下，束 X に対する $\mathcal{L}(X)$ には，半順序 $\sqsubseteq$ が入っていることを前提とする。

一般に，関数とは要素を値にとるものだが，ある関数が集合を値とするとき，それを**対応**という。対応 S_t が $t \in T$ に関して**増加的**とは，定義域 T が半順序集合であり，値域 $\{S_t : t \in T\}$ は $\mathcal{L}(X)$ に含まれ，S_t が，T から $\mathcal{L}(X)$ への対応として増加的である，すなわち，T において $t' \leq t''$ ならば，$\mathcal{L}(X)$ で $S_{t'} \sqsubseteq S_{t''}$ が成り立つことをいう。次に，パラメータ付き最適化問題 (2.3.1) を考える。つまり，半順序集合 T に属す t をパラメータとし，各制約集合 S_t はある特定の束 X の部分束であるとして，$x \in S_t$ なる制約のもとで $f(x, t)$ の最大化を考える。この最適化問題の族が**増加的最適解**をもつとは，T の部分集合 $\{t \in T : \operatorname{argmax}_{x \in S_t} f(x, t) \neq \emptyset\}$ から $\mathcal{L}(X)$ への対応 $\operatorname{argmax}_{x \in S_t} f(x, t)$ が，t の関数として増加的であることをいう。(ここで，すべての $t \in T$ に対して，$\operatorname{argmax}_{x \in S_t} f(x, t)$ が空であるか X の部分束であることが仮定されている。この仮定は，定理 9 より，$f(x, t)$ が X 上で x に関してスーパーモジュラーであれば満たされる。)

また，対応 S_t において，各 $t \in T$ に対して $x_t \in S_t$ であるとき，T から X への関数 x_t を，S_t からの**選択**という。さらに，S_t からの選択 x_t が t に関し増加的な関数となっていれば，x_t を，**増加的選択**という。パラメータ付き最適化問題において，$\operatorname{argmax}_{x \in S_t} f(x, t)$ からの増加的選択を，**増加的最適選択**という。以上において，**減少的**という概念も，同様に定義される。

定理 12 (Topkis [84]). X と T を束とする。S が $X \times T$ の部分束ならば，S の $t \in T$ における切片 S_t は，S の T 上への射影 $\Pi_T S$ 上で，t に関して増加的である。

証明. まず，補題 1(a) より，各 $t \in T$ に対して，$S_t \neq \emptyset$ ならば $S_t \in \mathcal{L}(X)$ であることに注意する。t' と t'' は $\Pi_T S$ において $t' \leq t''$ を満たすものとする。ここで，$x' \in S_{t'}$ と，$x'' \in S_{t''}$ を任意にとる。すると，S は $X \times T$ の部分束だったので，$(x' \vee x'', t'') = (x', t') \vee (x'', t'') \in S$, かつ，$(x' \wedge x'', t') = (x', t') \wedge (x'', t'') \in S$ である。これから，$x' \vee x'' \in S_{t''}$, $x' \wedge x'' \in S_{t'}$ となるので，$S_{t'} \sqsubseteq S_{t''}$ が示された。つまり，S_t は，$\Pi_T S$ 上で t に関して増加的である。 $\square$

補題 4. X を束とし，X' と X'' は X の非空部分束で，$X' \sqsubseteq X''$ だとする。も

し，$\sup(X')$ と $\sup(X'')$ が存在すれば，$\sup(X') \le \sup(X'')$ である。またも
し，$\inf(X')$ と $\inf(X'')$ が存在すれば，$\inf(X') \le \inf(X'')$ である。

証明. $x' \in X'$ と $x'' \in X''$ を任意にとる。すると，仮定より $X' \sqsubseteq X''$ なので，$x' \wedge x'' \in X'$，
$x' \vee x'' \in X''$ となる。ここで，$\sup(X')$ と $\sup(X'')$ が存在する場合，$x' \le x' \vee x'' \le \sup(X'')$
において x' は任意だから $\sup(X') \le \sup(X'')$ が従う。また，$\inf(X')$ と $\inf(X'')$ が存在す
る場合は，同様にして $\inf(X') \le x' \wedge x'' \le x''$ から $\inf(X') \le \inf(X'')$ が従う。　　□

定理 13 (Topkis [84]). X は束，T は半順序集合，各 $t \in T$ に対して S_t は X
の非空な部分束で T 上で t に関して増加的であるとする。もし，各 $t \in T$ に対
して S_t が最大元をもてば，その最大元は S_t からの増加的選択となっている。
またもし，S_t が最小元をもてば，その最小元は S_t からの増加的選択となって
いる。このことから，各 $t \in T$ に対して S_t が有限であれば，各 $t \in T$ に対し
て S_t は最大元と最小元をもち，最大元と最小元は，それぞれ，S_t からの増加
的選択である。

証明. 前半は，補題 4 から従う。後半は，各 S_t が最大元と最小元をもつことを述べている定
理 1 から従う。　　□

補完性の枠組みでパラメータ付最適化問題を扱うひとつの目的は**単調比較静学**で
ある。単調比較静学とは，パラメータと最適解が単調な関係となるための条件
を明確化するものである。単調な関係とは，ひとつには，最適化問題の族が増
加的最適解をもつことであり，もうひとつとしては，増加的最適選択をもつこ
とである。

定理 14 (Topkis [81]). X と T は束，S は $X \times T$ の部分束であるとする。実
数値関数 $f(x,t)$ が S 上で (x,t) に関してスーパーモジュール性をもつならば，
パラメータ付き最適化問題 (2.3.1) は増加的最適解をもつ。

証明. $f(x,t)$ は (x,t) に関してスーパーモジュラーなので，補題 1(a) と定理 9 から，各 $t \in T$
に対して，$\mathrm{argmax}_{x \in S_t} f(x,t)$ は X の部分束である。したがって，$\mathrm{argmax}_{x \in S_t} f(x,t)$ は，
$\{t \in T : \mathrm{argmax}_{x \in S_t} f(x,t) \ne \emptyset\}$ から $\mathcal{L}(X)$ への対応である。この対応が増加的であるこ
とを示せばよい。そのために，$\{t \in T : \mathrm{argmax}_{x \in S_t} f(x,t) \ne \emptyset\}$ において $t' \le t''$ を任意

に固定し，次に，$x' \in \mathrm{argmax}_{x \in S_{t'}} f(x, t')$ と，$x'' \in \mathrm{argmax}_{x \in S_{t''}} f(x, t'')$ を任意にとる。$x' \wedge x'' \in \mathrm{argmax}_{x \in S_{t'}} f(x, t')$ と，$x' \vee x'' \in \mathrm{argmax}_{x \in S_{t''}} f(x, t'')$ を示せばよい。

まず，x' と x'' のとり方から，$(x', t') \in S$ かつ $(x'', t'') \in S$ である。S は $X \times T$ の部分束なので，$(x' \vee x'', t'') = (x', t') \vee (x'', t'') \in S$ かつ $(x' \wedge x'', t') = (x', t') \wedge (x'', t'') \in S$ で，$f(x, t)$ の (x, t) に関するスーパーモジュール性より，

$$f(x', t') + f(x'', t'') \le f(x' \vee x'', t'') + f(x' \wedge x'', t') \tag{2.3.2}$$

が成り立っている。これに，t' に対する x' の最適性と，t'' に対する x'' の最適性を考え合わせると，

$$0 \le f(x', t') - f(x' \wedge x'', t') \le f(x' \vee x'', t'') - f(x'', t'') \le 0$$

であることがわかる。このことから，(2.3.2) は等号で成立しているので，$x' \wedge x'' \in \mathrm{argmax}_{x \in S_{t'}} f(x, t')$ と，$x' \vee x'' \in \mathrm{argmax}_{x \in S_{t''}} f(x, t'')$ が証明された。 □

定理 14 の仮定は，理論の見通しを良くするために，過剰な条件を含んでいる。ここでは，$f(x, t)$ に対する条件を，X 上で x に関してスーパーモジュール性をもち，$X \times T$ 上で (x, t) に関して差分増加性をもつ，というところまで弱められることを示しておく。（定理 17 で利用するように，この条件はスーパーモジュラーゲームの定義に相当する。）さて，定理 14 の証明において $\mathrm{argmax}_{x \in S_t} f(x, t)$ が X の部分束であるためには，$f(x, t)$ が各 t に対して x に関してスーパーモジュール性をもてばよい。評価式 (2.3.2) の導出は，次のように変更する。まず t' を固定して x に関するスーパーモジュール性を用い，次に (x, t) に関する差分増加性を用いると *5，

$$f(x', t') - f(x' \wedge x'', t') \le f(x' \vee x'', t') - f(x'', t') \le f(x' \vee x'', t'') - f(x'', t'')$$

を得る。移項すれば (2.3.2) が得られる。他の部分はなんらの変更も必要ない。すなわち，次の定理が成立する。後半は系 3 と定理 13 から従う。

定理 15 (Topkis [84])**.** X は束，T は半順序集合，各 $t \in T$ に対して S_t は X の非空な部分束で T 上で t に関して増加的，実数値関数 $f(x, t)$ は各 $t \in T$ に対

---

*5　スーパーモジュール性と差分増加性が成立すると仮定している範囲に注意せよ。

して X 上で x に関してスーパーモジュール性をもち，かつ $X \times T$ 上で (x, t) に関して差分増加性をもつならば，パラメータ付き最適化問題 (2.3.1) は増加的 最適解をもつ。またもし，各 S_t が有限ならば，$\mathrm{argmax}_{x \in S_t} f(x, t)$ の最大元は T 上で t に関して増加的（最適選択）である。最小元に関しても同様である。

例 15. 例 6 と例 12 で定まるペルソナ社のパラメータ付き最適化問題の場合， 最適解が増加的であるということは，次のことを含意する。自動車産業および 製造設備産業における製品の信頼性に対する要求が高まったとする。信頼性の 要求水準が高まれば，高品質が売り物のペルソナ社は相対的に有利な立場に立 つことになる。その一方で，日本の製造装置の設計においては，標準品の転用 で済ませるというより，できる限り適切な部品を使用したいという要望が強い ので，用途に合わせて，製品の種類が多種類に分かれる傾向がある。必然的に， 1 種類当たりの需要量は少なくなる。したがって，ペルソナ社では，より多種 類にわたる商品に対する需要が，より増える方向になる。それに対する最適応 答は，労働者をより器用にし，製造装置をより柔軟なものにする方向となる。

例 16. 例 7 と例 13 で定まるパトナー社のパラメータ付き最適化問題の場合， 最適解が増加的であるということは次のことを含意する。世間の進学熱がます ます高まれば，それに応じた最適な塾経営をすると，塾としての目標校のレベ ルはより上位校や難関校を目指す方向に移行し，またクラス編成も，より能力 に細かく対応した編成をすることになる。

例 17. 例 2，例 11 と例 14 で定まるミュラー社のパラメータ付き最適化問題の 場合，最適解が増加的であるということは次のことを含意する。世間で個性派 志向が強まりそれに応じた最適な企業経営をすると，製造部署では，より多く の作業をこなす技能をもち，新たな技能の習得速度もより早い人がより必要に なり，また，より多機能で柔軟性の高い加工機がより必要になる。

定理 15 の帰結として，企業が利益の最大化をはかる中で，選択される決定変数 x の値は環境変化 t と向きを同じにする形で上昇・下降することがわかる（こ

の性質を**共進性**という)。また，この方向性の合致性から，1つの決定変数の値を増加させるような環境変化は，全決定変数の値を増加させるような影響を及ぼすことが想起される。したがってそのような環境の変化は，企業内部に新たな相乗効果をもたらすことになる。以上の点を，簡単な企業モデルの形でまとめると，次のようになる。

例 18. 単一の生産物を生産しマーケット活動を行う利益最大化企業をモデル化する。企業は外部環境の中で活動しているとし，R^m の部分束 T に属すベクトル t で企業の意思決定問題の異なる局面を定める外部環境を表す。パラメータ t の異なる値が最適決定と企業利益に与える影響について考えてみる。R^n の部分集合 X に属すベクトル x で企業が意思決定として選択する決定変数を表す。パラメータと決定変数の具体的な成分は，例えば，技術，単位当たり生産コスト，品質，生産数と生産品種，知識，製造と設計過程のより詳細な様相，広告，市場規模，時間，などの要因が想定されている。製品の価格は $p \in R$ で表すが，このモデルでは価格は固定されているものとする。製品需要を $\mu(x,t) \in R$ で表し，それは，決定変数 x とパラメータ t で定まると考える。ある生産水準 $z \in R$ に対して，決定変数 x とパラメータ t にも依存した生産コスト $c(z,x,t) \in R$ がかかり，企業の生産水準は，企業の決定変数とパラメータから定まる需要 $\mu(x,t)$ にちょうど等しいと仮定する。このとき，企業の売上高は $p\mu(x,t)$ となる。また，コストとしては，生産コスト $c(\mu(x,t),x,t)$ のほかに，生産水準や製品需要には依存しないコスト $k(x,t) \in R$ も考える。以上をまとめると，企業の利得関数は，

$$\Pi(x,t) = p\mu(x,t) - c(\mu(x,t),x,t) - k(x,t) \tag{2.3.3}$$

となる。

　企業の意思決定問題は，パラメータ t が与えられたとき，制約集合の中から，利得を最大化する決定変数 x を選択することになる。この意思決定問題において，利得関数の性質と最適解の性質を定理としてまとめると次のようになる。

定理 16 (Topkis [84])**.** X は R^n の非空な部分束，T は R^m の非空な部分束

とする。(2.3.3) において，$\mu(x,t)$ は (x,t) に関して増加的かつスーパーモジュラー，$pz-c(z,x,t)$ は各 (x,t) に対して z に関して増加的，$c(z,x,t)$ は (z,x,t) に関してサブモジュラーで各 (x,t) に対して z に関して凹，$k(x,t)$ は (x,t) に関してサブモジュラーとする。また，各 $t \in T$ に対して $\mathrm{argmax}_{x \in X}\Pi(x,t) \neq \emptyset$ と仮定する。このとき，

(a) $\Pi(x,t)$ は (x,t) に関してスーパーモジュラーである。

(b) 意思決定の最適値と環境との適合性に関して，$\max_{x \in X}\Pi(x,t)$ は t に関してスーパーモジュラーである。

(c) 最適解集合の環境変化との共進性に関して，$\mathrm{argmax}_{x \in X}\Pi(x,t)$ は t に関して増加的である。

(d) 特別な性質をもつ最適解の環境変化との共進性に関して，X が有限集合ならば，最大な最適選択は t に関して増加的である。また，最小な最適選択も t に関して増加的である。

証明. 仮定より，$f(z,(x,t)) = pz - c(z,x,t)$ は，各 (x,t) に対して z に関して増加的かつ凸で，(z,x,t) に関してスーパーモジュラーである。(a) は，定理 7（$z = g_1(x,t) = \mu(x,t)$ として適用する）と定理 6(b) から従う。(b) は，(a) と定理 6(d) から従う。(c) と (d) は，定理 15 から従う。   □

環境との共進的増加に関して，ひとつ考えておかなければならないことがある。それは，制約集合の存在である。単調比較静学の基本定理 15 によると，企業の最適解は，環境パラメータの水準上昇に伴って，単調に増加していく（システムの継続的な成長を表す**モメンタム性** [49]）。つまり，企業内の変数である（コアな）アクティビティの実行水準が，環境の流れが変わらない限り押し上げられていく。ここで，定義域の形状に注意を向けてみよう。物理的制約や人為的制約などにより，定義域における制約集合を有界な領域に限定すべき状況は多い。（有限性の仮定は，このような状況となっている。）この場合，もし利得関数の形状が変化しないならば，つまり，先手を打った組織変更や適応努力をしないならば，環境の進化に伴い，いずれは行き着くところまで行ってしまい，

それ以上は，さらに活動を活発化したくてもできない，という状況に陥ってしまう。このときの実力ある社員の感覚として，実現している利得水準の高さは別として，成長率の観点から行き詰まりや閉塞感といった感情を抱いたとしても不思議はない。特に，上昇志向の強い人にはこの感じが強く，もっとやりたいことはあるし，やれるのに，組織の壁に阻まれて先に進めない，という受け入れがたい状態となるであろう。企業としては，このような状況に陥ることを避けるために，先手を打って，新規の活動を常に模索することになる。その際，企業は既存の経営要素に補完的な特質を追加あるいは強化することにより，利得の最大化を図ることが多いだろう。ここで，企業の意思決定に限定合理性の考えを加味することにより作られた企業発展の経路依存性の説明にもつながるモデルが前節の例 10 なのである。

これまで議論してきた補完性の概念は，人（プレイヤー）を表に出さないものだった。しかしながら，各アクティビティの実行水準が意思決定の結果であるとすると，誰の意思決定かということは重要な要素である。すなわち，すべてのアクティビティの実行水準を一人の支配者（あるいは独裁者）のようなプレイヤーが決定できる場合は今までの枠組みでよい。しかし，複数のプレイヤーが，それぞれ独立して意思決定可能なアクティビティをもつとき，全プレイヤーの利得が同一の尺度ではない場合が十分ありうる。その場合，まず，誰の利得関数に関する補完性であるかを意識する必要が出てくる。次に，アクティビティの集合を，自分が意思決定する変数と，他のプレイヤーが意思決定する外生変数に重複することなく分割して考えなければならない。すなわち，プレイヤー i の利得関数 f_i に関して，プレイヤー i の決定変数 x_i とプレイヤー j の決定変数 x_j の間に（相互）補完性，すなわち差分増加性，があるか，といったことが問題となってくる。このような，主体となるプレイヤーの違いを意識した補完性が 1.1.2 の戦略的補完性だった。この場合，安定性の観点からも，他の任意のプレイヤー j の利得関数 f_j に関する補完性も気になるであろう。実際，プレイヤーが n 人いるとして，すべての相異なるプレイヤー i と j に対して，f_i が，

x_i と x_j に関して戦略的補完性をもつ状況が重要である。追加の仮定として，すべてのプレイヤー i に対して，自分が意思決定できるアクティビティ達が他のプレイヤー達の選択に依らずに自分の利得に関して補完的であること，すなわち，f_i が（x_i 以外の変数の任意に固定された値に対して）x_i に関してスーパーモジュラーであることを同時に要求したものが**スーパーモジュラーゲーム**の正確な定義である。スーパーモジュラーゲームに対しては，他のプレイヤー達の選択（次の定理においては，プレイヤー i に対する $\times_{j \neq i} X_j$）を環境 T と考えると，補題 2 と定理 15 からただちに次の定理を得る。

定理 17. 任意の $i = 1, \cdots, n$ に対して X_i は束，$\times_{i=1}^{n} X_i$ 上の実数値関数 $f_i(x_1, \cdots, x_n)$ は $(x_1, \cdots, x_n)$ に関して差分増加性をもち，任意に固定された x_{-i} に対して x_i に関してスーパーモジュール性をもち，最適応答 $\mathrm{argmax}_{x_i \in X_i} f_i(x_i, x_{-i})$ が一点集合であるとする。ここで，$x_{-i} = (x_1, \cdots, x_{i-1}, x_{i+1}, \cdots, x_n)$。このとき，あるプレイヤーが自分の戦略選択の水準を増加させると，他のプレイヤーの最適解の水準も増加する。

この具体的な姿が，例えば，近藤 [37, p.B234] にある「彼は，クライアントの要望以上の提案をしようとする。それを受けたクライアントはチャレンジする。当然，我々作り手もチャレンジする。結果，皆，成長する。要するに，彼は，まわりの皆とともに成長する環境をつくってしまう」であり，当事者達は高揚感で表される精神的な満足が得られるのである。定理 17 が 1.2.3 および 1.2.5 の高揚性の理論的基礎になっている。高揚性が発生するプロセスに関しては，3.1.3 において投資ゲームを通じてより具体的に説明してある。

　また，企業と顧客の関係がスーパーモジュラーゲームになっていれば，顧客の前向きの反応が自分に返ってくることを加味することにより，企業内のアクティビティに関する補完性（特に自己補完性）を強化することができる。すなわち，技術的な仮定は必要となるが，企業にとって，顧客と互恵的な関係を築くことが，規模の経済性に匹敵するような強い補完性（好循環）を手に入れる

ことと直結している，ということを次節において定理の形で示す。

以下では，追加的にすべての X_i は有限束であると仮定して，スーパーモジュラーゲームに関する結果をまとめておく。各 $i = 1, \cdots, n$ に対して，各 $j \neq i$ に対する $x'_j \in X_j$ の組を x'_{-i} で表したとき，プレイヤー i の**最適応答対応 $\boldsymbol{Y_i(x'_{-i})}$**を

$$Y_i(x'_{-i}) = \operatorname{argmax}_{x_i \in X_i} f_i(x_i, x'_{-i})$$

で定める。$X = \times_{i=1}^n X_i$ として，各 $x' \in X$ に対して $\boldsymbol{Y(x')} = \times_{i=1}^n Y_i(x'_{-i})$ を**最適応答対応の組**という。

$x' \in X$ がスーパーモジュラーゲームの**均衡解**であるとは，各プレイヤー $i = 1, \cdots, n$ に対して，

$$f_i(x_i, x'_{-i}) \leq f_i(x')$$

が，任意の $x_i \in X_i$ に対して成り立つことをいう。すなわち，各 i に対して，$x'_i \in Y_i(x'_{-i})$ ならば x' を均衡解という。均衡解が与えられたとき，もし他のすべてのプレイヤーの戦略が変わらずにとどまるならば，どのプレイヤーも自分の利得を強い意味で改善する，現状と異なる選択は存在しない。

次に，有限なスーパーモジュラーゲームにおける均衡解の存在性を示す。そのためには，いくらか準備が必要である。次の**不動点定理**は，Tarski の不動点定理を集合値関数に拡張した Zhou の不動点定理の簡略版である。

定理 18 (Topkis [84] の定理 2.5.1)**.** X を非空な有限束とする。X から $\mathcal{L}(X)$ への対応 $F(x)$ が増加的ならば，

(a) $F(x)$ は不動点をもつ。すなわち，$F(x)$ の不動点（$x \in F(x)$ を満たす X の要素 x）の集合を $\operatorname{Fix}(F)$ で表すと，$\operatorname{Fix}(F) \neq \emptyset$。

(b) $F(x)$ は最大不動点と最小不動点をもつ。すなわち，$\sup(\operatorname{Fix}(F)) \in \operatorname{Fix}(F)$，かつ $\inf(\operatorname{Fix}(F)) \in \operatorname{Fix}(F)$。

証明. まず，$X' = \{x \in X : [x, \infty) \cap F(x) \neq \emptyset\}$ と定める．有限性より，定理 1 で保証される X の最小元 x' を考えれば，$F(x) \subset X$ だから，明らかに $x' \in X'$ なので，$X' \neq \emptyset$ であることがわかる．ここで，$x', x'' \in X'$ を任意にとる．$x' \leq x' \vee x''$ と $F(x)$ の増加性から，$F(x') \sqsubseteq F(x' \vee x'')$。したがって，$x' \in X'$ であることと X' の定め方より $x' \leq \max(F(x'))$，定理 1 と補題 4 より $\max(F(x')) \leq \max(F(x' \vee x''))$ だから，$x' \leq \max(F(x' \vee x''))$。同様にして，$x'' \leq \max(F(x' \vee x''))$ だから，$x' \vee x'' \leq \max(F(x' \vee x''))$ であることがわかる．すなわち，$x' \vee x'' \in X'$ となるので，X の有限性と合わせて，$y' = \max(X') \in X'$ が定まる．仮定より $F(y')$ は X の有限部分束だから，定理 1 より $F(y')$ の最大元 z' が存在する．このとき，$y' \in X'$ と X' の定義より $y' \leq z'$ がわかるので，$F(x)$ の増加性より $F(y') \sqsubseteq F(z')$ となる．ここで補題 4 を使うと $z' = \max(F(y')) \leq \max(F(z')) \in F(z')$ を得る．これより $z' \in X'$ となるので，y' の定め方から，$y' \leq z' \leq y'$ となる．したがって，反対称律より $y' = z'$ が示された．これから，$y' = \max(F(y')) \in F(y')$ となるので，$y' \in \mathrm{Fix}(F)$ が証明された．

次に，$x \in \mathrm{Fix}(F)$ を任意にとると，明らかに $x \in X'$ である．y' の定め方より，$x \leq y' \in \mathrm{Fix}(F)$ なので，y' は $F(x)$ の最大不動点である．最小不動点に関しては，$X'' = \{x \in X : (-\infty, x] \cap F(x) \neq \emptyset\}$ を考えると，$\min(X'')$ が $F(x)$ の最小不動点であることが同様の議論で示される． $\quad\square$

補題 5. スーパーモジュラーゲームの均衡解の全体は，最適応答対応の組 $Y(x)$ の不動点全体と一致する．

証明. x' が $Y(x)$ の X 上での不動点であるとすると，プレイヤー i に対して $x'_i \in Y_i(x'_{-i})$ なので，x' が均衡解の定義を満たすことがわかる．逆も明らかである． $\quad\square$

補題 6 (Topkis [82])．$X = \times_{i=1}^n X_i$ は有限束とする．このとき，

(a) 任意の $x \in X$ に対して，$Y(x)$ は X の非空部分束である．

(b) $Y(x)$ は X 上で x に関して増加的である．

証明. まず (a) を示す．任意の $x \in X$ と $y \in X$ に対して，$g(y, x) = \sum_{i=1}^n f_i(y_i, x_{-i})$ と定める．このとき，各 $x \in X$ に対して，両辺ともに座標ごとに考えればよいので，$Y(x) = \mathrm{argmax}_{y \in X} g(y, x)$ となる．有限性より，$Y(x) = \mathrm{argmax}_{y \in S} g(y, x) \neq \emptyset$ は明らか．定理 9 より，$g(y, x)$ が X 上で y に関してスーパーモジュラーであることを示せばよい．仮定より，任意の i と任意の $x_{-i} \in \times_{j \neq i} X_j$ に対して，$f_i(y_i, x_{-i})$ は X_i 上で y_i に関してスーパーモジュラー．したがって，$g(y, x) = \sum_{i=1}^n f_i(y_i, x_{-i})$ は，定理 6(b) より，$X = \times_{i=1}^n X_i$ 上で y に関してスーパーモジュラーであることがわかる．

次に (b) を示す．対応 $Y_i(x_{-i})$ の増加性は，定理 17 と同様に定理 15 から導かれる．

$Y(x) = \times_{i=1}^{n} Y_i(x_{-i})$ なので，座標ごとに考えれば，対応 $Y(x)$ の増加性は明らか。 □

定理 19 (Topkis [82])**.** 有限なスーパーモジュラーゲームには均衡解が存在する。さらに，その中に最大均衡解と最小均衡解が必ず存在する。

証明．補題 6 の (a) と (b) より，$Y(x)$ は，X から $\mathcal{L}(X)$ への増加的な対応である。したがって，定理 18 より，$Y(x)$ には不動点，特に最大不動点と最小不動点，が存在する。補題 5 より，スーパーモジュラーゲームには均衡解，特に最大均衡解と最小均衡解，が存在することが証明された。 □

スーパーモジュラーゲームにおいて，均衡解の一意性は一般的にはいえないが，ある種のスーパーモジュラーゲームは，誰がみても明らかに有利な均衡解をもっていることが知られている。

定理 20 (Milgrom = Roberts [50])**.** スーパーモジュラーゲームにおいて，追加の仮定として，各 i に対して，$f_i(x_i, x_{-i})$ は，任意に固定された $x_i \in X_i$ に対して x_{-i} に関して増加的であるとする。このとき，最大均衡解 x' は，x より小さい任意の $x \in X$ よりパレート優位である。したがって，最大均衡解は，他の任意の均衡解をパレート支配している。

証明．仮定より，任意の i に対して $(x_i, x_{-i}) \le (x'_i, x'_{-i})$ なので，x' が均衡解であることと，$f_i(x_i, x_{-i})$ に対する追加仮定を用いると，$f_i(x'_i, x'_{-i}) \ge f_i(x_i, x'_{-i}) \ge f_i(x_i, x_{-i})$ が得られるので，x' のパレート優位性が証明された。 □

しかしながら，最大均衡解が利得の総和 $\sum_{i=1}^{n} f_i(x)$ を最大にするとは限らないことには注意が必要である。次章における戦略的補完性のある囚人のジレンマゲームがその例になる。均衡解は一点なので，それが最大均衡解になるが，均衡にはならないが全体最適を達成している点にパレート支配されている。このような状況は，特に，企業内を分割し，権限を大幅に委譲して多数のプレイヤー（分割された各部署がそれぞれプレイヤーになる）が発生したときにセクショナリズムとして問題になりうる。

権限委譲によるモチベーションのアップと独創的なビジネスの推進という方

向性と，強制を伴った全体的最適性の確保という方向性の間のバランスを，環境が急速に変化し企業の利得構造や組織構造も変化していく中でいかにとるか，という経営課題が補完性追求の上位課題として重要であることが理解される。（3.3.4 の相関均衡のアイデアが，この種の課題の解決のために役立つかもしれない。）

2.4 補完性の拡大

この節では，2.2 で示した合成関数の補完性を導く定理を応用して，企業内部の補完性を拡大するルートをいくつか示す。定理の仮定は，技術的に必要な条件はすべて満たされるように惜しみなく付けてある。これは，補完性を拡大するアイデアを定式化することがここでの目的だからである。

　まず，2.2 の定理 7 と定理 8 を合わせた命題を作っておく。

系 4. X は R^n の凸部分束，$\ell \in \{1, \cdots, n\}$ とする。各 $i = 1, \cdots, m$ に対して，X 上の実数値関数 $g_i(x)$ は，x に関して増加的かつスーパーモジュール性をもち，x_ℓ に関して自己差分増加性をもつとし，Z_i は R の凸部分集合で，$g_i(x)$ の値域を含むとする。$f(z_1, \cdots, z_m, x)$ は $(\times_{i=1}^m Z_i) \times X$ 上の実数値関数で，$(z_1, \cdots, z_m, x)$ に関してスーパーモジュール性をもち，各 $i = 1, \cdots, m$ に対して（z_i 以外の変数の任意に固定された値に対して）z_i に関して増加的かつ自己差分増加性をもち，x_ℓ に関して自己差分増加性をもつとする。このとき，合成関数 $f(g_1(x), \cdots, g_m(x), x)$ は X 上で x に関してスーパーモジュール性をもち，x_ℓ に関して自己差分増加性をもつ。

定理 21 (整合性に基づく補完性拡大定理 [30]). $Z_1, \cdots, Z_m$ はそれぞれ R，各 $i = m+1, \cdots, n$ に対して X_i は R^{q_i} の凸部分束，A は R^p の凸部分束で，$\ell \in \{1, \cdots, p\}$ とする。実数値関数 $f(z_1, \cdots, z_m, x_{m+1}, \cdots, x_n)$ は，$(\times_{i=1}^m Z_i) \times (\times_{i=m+1}^n X_i)$ 上で $(z_1, \cdots, z_m, x_{m+1}, \cdots, x_n)$ に関してスーパー

モジュール性をもち，任意の $i = 1, \cdots, m$ に対して，（z_i 以外の変数の任意に固定された値に対して）z_i に関して増加的かつ自己差分増加性をもつとする。さらに，各 $i = 1, \cdots, m$ に対して，$\mu_i(a)$ は A 上の実数値関数で a に関して増加的かつスーパーモジュール性をもち，a_ℓ に関し自己差分増加性をもつとする。

このとき，合成関数 $f(\mu_1(a), \cdots, \mu_m(a), x_{m+1}, \cdots, x_n)$ は，$A \times (\times_{i=m+1}^n X_i)$ 上で $(a, x_{m+1}, \cdots, x_n)$ に関してスーパーモジュラーで，a_ℓ に関し自己差分増加性をもつ。

証明. 記号に関しての混乱を避けるため，系 4 の諸条件を定める記号には ^ を付けて表すことにする。$\hat{n} = p + q_{m+1} + \cdots + q_n, \hat{\ell} = \ell, \hat{m} = m, \hat{X} = A \times (\times_{i=m+1}^n X_i), \hat{x} = (a, x_{m+1}, \cdots, x_n),$ $\hat{g}_i(\hat{x}) = \mu_i(a), \hat{Z}_i = R, \hat{z}_i = z_i, \hat{f}(\hat{z}_1, \cdots, \hat{z}_m, \hat{x}) = f(z_1, \cdots, z_m, x_{m+1}, \cdots, x_n)$ と対応させる。まず，$\hat{X}$ はユークリッド空間の凸部分束の有限個の積なので $R^{\hat{n}}$ の凸部分束である。次に，$\hat{g}_i(\hat{x})$ の $\hat{x}$ に関する増加性とスーパーモジュール性は，$\hat{x} = (a, x_{m+1}, \cdots, x_n)$ だったことに注意すると，$\mu_i(a)$ の a に関する増加性とスーパーモジュール性からただちに従う。$\hat{x}_\ell$ に関する自己差分増加性は，μ_i の a_ℓ に関する自己差分増加性から従う。$\hat{f}$ のスーパーモジュール性は，同様に考えて，f のスーパーモジュール性から従う。$\hat{f}$ の $\hat{z}_i$ に関する増加性と自己差分増加性は，f の z_i に関する増加性と自己差分増加性からただちに従う。最後の条件として，$\hat{f}$ の $\hat{x}_\ell = a_\ell$ に関する自己差分増加性は，f が a_ℓ を変数にもたないことから満たされる（定義式 (2.1.3) は常に等号で成立する）。以上で，系 4 の仮定はすべて満たされた。したがって，その結論として，$\hat{f}(\hat{g}_1(\hat{x}), \cdots, \hat{g}_m(\hat{x}), \hat{x})$ は，$\hat{X}$ 上で $\hat{x}$ に関してスーパーモジュラーかつ $\hat{x}_\ell$ に関して自己差分増加性をもつ。これは，置き換えると，$f(\mu_1(a), \cdots, \mu_m(a), x_{m+1}, \cdots, x_n)$ が $(a, x_{m+1}, \cdots, x_n)$ に関してスーパーモジュラーで，かつ，a_ℓ に関して自己差分増加性をもつことを示している。 $\square$

定理 21 は，企業の補完性分析における 1.2.5 の強化型補完構造体の理論的基礎として考案されたもので，次のように解釈できる。ある企業において，利得がアクティビティ $x_1, \cdots, x_n$[6] の実数値関数で近似されるものとする。中でも，アクティビティ $x_1, \cdots, x_m$ は特に重要で，各 x_i は，さらに補助的アクティビティの集合 $A_i = \{a_{i1}, \cdots, a_{ik_i}\} \subset \{a_1, \cdots, a_q\}$ で補強されているとする。x_i と，そ

---

[6] 正確にはアクティビティ i の実行水準 x_i と表すべきところだが，表現の簡略化のため，本節を通じて，その実行水準を表す変数でアクティビティのことも特定することにする。

れを補強する A_i に属す各アクティビティは整合的で，1 つの方向性をもつとす
る。すなわち，この整合性は，ある社内的な評価尺度 $z_i = \mu_i(x_i, a_{i_1}, \cdots, a_{i_{k_i}})$
が存在して，μ_i は，$(x_i, a_{i_1}, \cdots, a_{i_{k_i}})$ に関してスーパーモジュラーで，コア・
アクティビティである x_i に関して自己差分増加的である，と条件付けられるも
のとする。（μ_i は，Beurling=Livingston [9] の双対写像の概念に類したもの
で，例えば，一定水準の品質で製造するというアクティビティに対して，製造
したものが一定水準の品質を満たす割合を対応させるようなものである。）この
とき，他のコア・アクティビティ x_j, $j \in \{1, \cdots, m\} \setminus \{i\}$, は有意な変数に
含まれていないので，定義式（2.1.3）が常に等号で成立しているという意味で
x_j に関して自己差分増加的でもある。さらに，企業の利得関数は，コア・アク
ティビティの実行水準 $x_1, \cdots, x_m$ を，それらの特徴を適切に捉えた 1 次元評価
尺度 $\mu_1, \cdots, \mu_m$ の値 $z_1, \cdots, z_m$ に置き換えて，$f(z_1, \cdots, z_m, x_{m+1}, \cdots, x_n)$
と再定義することが近似的に妥当で，さらに，$(z_1, \cdots, z_m, x_{m+1}, \cdots, x_n)$ に
関してもスーパーモジュラーであるとする。

このとき，企業利得が各コア・アクティビティを方向付ける $z_1, \cdots, z_m$ に関
して増加的かつ自己差分増加性をもつならば，企業利得は，コア・アクティビ
ティ $x_1, \cdots, x_m$ と，それらに対する追加的な補助的アクティビティの集合を
表す $\cup_{i=1}^m A_i$ の各変数を合わせた $a = (x_1, \cdots, x_m, a_1, \cdots, a_q)$ $(p = m + q)$,
および当初から考えていた補助的なアクティビティ $(x_{m+1}, \cdots, x_n)$ の関数と
して，スーパーモジュラーである。すなわち，当初のアクティビティと，補強
のために導入した追加的な補助的アクティビティの全体は補完的である。また，
企業利得は，各コア・アクティビティ x_i に関して依然として自己差分増加性を
もつ。

最後に，$a_j \notin A_i$ は評価尺度 μ_i に影響を及ぼすことはなく，また，企業
利得の定まり方に関し，$a_1, \cdots, a_q$ は $z_1, \cdots, z_m$ の値を通して間接的にのみ
$x_{m+1}, \cdots, x_n$ と関わりをもちうることが暗黙に想定されていることに注意し
ておく。

もうひとつの注意として，相異なる i と j に対して $A_i \cap A_j = \emptyset$ である必要

がないことがあげられる。したがって，1つのサポートセンターが複数部署に
サービスを提供するように，1つの補助的アクティビティ a_i が複数のコア・ア
クティビティを補助する場合も扱える。この点，類似の階層性を示す定理3は
そのような重複を許さない分割が前提となっていた。

以上で，自己補完性をもったアクティビティがあれば，それを核として組織が
自己補完性を保ちながら階層的に拡大しうることをみた。次に，自己補完性が
どのようなところに発生しうるのか，補完性拡大定理に関連した例をいくつか
考察する。そのために，経営戦略がケイパビリティにプラスの効果を与える状
況を，制約集合のパラメータ化として組み込む。ある経営戦略の実行水準を束
M に属す変数 m で表し，m に依存して定まる制約集合を R^p の非空な部分束
S_m とし，S_m は m に関して増加的と仮定する。以下では，適切な経営戦略に
より自己補完性を発生させうることを示すケースを2つ示す。最初のケースは，
相互補完性に基づいて自己補完性が発生するケースである。

定理 22 (相互補完的なアクティビティの同時活性化に基づく補完性強化定理
[30]). M は R^n の凸部分束，S は $M \times R^p$ の部分束で，任意の $m \in M$ に対
して，S の m における切片 S_m は非空であるとする。$\ell \in \{1, \cdots, n\}$ とする。
$f(x, y)$ は $R^p \times R^q$ 上の実数値関数で，(x, y) に関してスーパーモジュール性
をもち，各 $i = 1, \cdots, p$ に対して，（x_i 以外の変数の任意に固定された値に対
して）x_i に関し増加的かつ自己差分増加性をもつとする。さらに，各 $m \in M$
と各 $y \in R^q$ に対して，$\mathrm{argmax}_{x \in S_m} f(x, y)$ が非空で，その集合からの (m, y)
に関して増加的な選択 $\bar{x}(m, y)$ で，任意の $i = 1, \cdots, p$ に対して，$\bar{x}_i(m, y)$ が
m_ℓ に関し自己差分増加性をもつものが存在するとする。

　このとき，$\max_{x \in S_m} f(x, y)$ は，$M \times R^q$ 上の実数値関数で (m, y) に関して
スーパーモジュール性をもち，（m_ℓ 以外の変数の任意に固定された値に対して）
m_ℓ に関して増加的かつ自己差分増加性をもつ。

証明. 証明は，スーパーモジュール性と自己差分増加性を分けて行う。ここでも，適用す

る定理の諸条件を定める記号には $\hat{}$ を付けて表す。S' は $S \subset M \times R^p$ の座標を入れ替えた $R^p \times M$ の凸部分束とし，$\hat{X} = R^p$，$\hat{T} = M \times R^q$，$\hat{S} = S' \times R^q$ とすると，$\hat{S}$ は $\hat{X} \times \hat{T}$ の凸部分束となる。$\hat{x} = x$，$\hat{t} = (m, y)$ とすると，$\hat{f}(\hat{x}, \hat{t}) = f(x, y)$ は $(\hat{x}, \hat{t})$ に関してスーパーモジュラー，$\hat{S}_{\hat{t}} = (S' \times R^q)_{(m, y)} = S_m$ で，仮定より $\sup_{\hat{x} \in \hat{S}_{\hat{t}}} \hat{f}(\hat{x}, \hat{t}) = \sup_{x \in S_m} f(x, y) = \max_{x \in S_m} f(x, y) < \infty$ だから定理 6(d) より $\max_{x \in S_m} f(x, y)$ は $\Pi_{\hat{T}} \hat{S} = \{\hat{t} \in \hat{T} : \hat{S}_{\hat{t}} \neq \emptyset\} = \{(m, y) \in M \times R^q : S_m \neq \emptyset\} = M \times R^q$ 上で $\hat{t} = (m, y)$ に関してスーパーモジュラーである。

　自己差分増加性の証明は定理 8 による。今度は，$\hat{X} = M \times R^q$，$\hat{x} = (m, y)$，$\hat{m} = p$，$\hat{g}_i(\hat{x}) = \bar{x}_i(m, y)$，$\hat{\ell} = \ell$，$\hat{Z}_i = R$，$\hat{z}_i = x_i$，$\hat{f}(\hat{z}_1, \cdots, \hat{z}_{\hat{m}}, \hat{x}) = f(x_1, \cdots, x_p, y)$ と対応させる。まず，$\hat{X}$ は $R^n \times R^q$ の凸部分束である。次に，$\hat{g}_i(\hat{x})$ の $\hat{x}$ に関する増加性は仮定による。$\hat{x}_{\hat{\ell}} = m_\ell$ に関する自己差分増加性も，$\bar{x}_i(m, y)$ の m_ℓ に関する自己差分増加性から従う。$\hat{f}(\hat{z}_1, \cdots, \hat{z}_{\hat{m}}, \hat{x}) = f(x_1, \cdots, x_p, y)$ の $(\hat{z}_1, \cdots, \hat{z}_{\hat{m}}, \hat{x}) = (x_1, \cdots, x_p, m, y)$ に関する差分増加性は $f(x, y)$ の (x, y) に関するスーパーモジュール性による。$\hat{f}(\hat{z}_1, \cdots, \hat{z}_{\hat{m}}, \hat{x})$ の $\hat{z}_i$ に関する増加性と自己差分増加性は，$f(x, y)$ の x_i に関する増加性と自己差分増加性からただちに従う。最後の条件として，$\hat{f}(\hat{z}_1, \cdots, \hat{z}_{\hat{m}}, \hat{x})$ の $\hat{x}_{\hat{\ell}}$ に関する自己差分増加性は，$f(x, y)$ が m_ℓ を変数にもたないことから定義式 (2.1.3) が常に等号で満たされる。したがって，定理 8 より，合成関数 $\hat{f}(\hat{g}_1(\hat{x}), \cdots, \hat{g}_{\hat{m}}(\hat{x}), \hat{x}) = f(\bar{x}(m, y), y) = \max_{x \in S_m} f(x, y)$ は $\hat{x}_\ell = m_\ell$ に関して自己差分増加性をもつ。m_ℓ に関する増加性は，増加性に関する諸仮定から明らかである。　　　　　　□

注意 1. 定理 22 において，$j \in \{1, \cdots, q\}$ として，関数 $f(x, y)$ が（y_j 以外の変数の任意に固定された値に対して）y_j に関して増加的かつ自己差分増加性をもち，任意の $i = 1, \cdots, p$ に対して $\bar{x}_i(m, y)$ が y_j に関し自己差分増加性をもつならば，$\max_{x \in S_m} f(x, y)$ は y_j に関して増加的かつ自己差分増加性をもつ。これは，定理 22 の証明が，$\hat{x}$ のインデックス $\hat{\ell} \in \{n+1, \cdots, n+q\}$ に対しても，追加の仮定があれば成り立つことによる。つまり，y_j に関する自己補完性も保存される。

　また，定理 22 の仮定に関し，増加的最適選択 $\bar{x}(m, y)$ の存在性は，定理 14 を定理 22 の証明中の前半の設定で適用すると，$\mathrm{argmax}_{x \in S_m} f(x, y)$ が m に関して増加的であることがわかるので，それほど強い追加仮定ではない。

定理 22 は次のように解釈できる。ある企業において，相互補完性をもつ 2 つのアクティビティ x_1 と x_2 があったとする。企業戦略 m として，例えば，モ

チベーションを高めたり，情報の生成や共有を促進させたりすることによって，それら2つのアクティビティを同時にいっそう活発に実行させる仕組みを導入できたとする。このとき，この企業戦略の実行水準を高めた結果として，x_1 と x_2 の水準は，今までより高い水準まで取りうるようになる。すなわち，制約集合が拡大される。企業利得を最大化する x_1 と x_2 の最適水準が経営戦略 m の強さに対して線形に増加していくものとすると，x_1 と x_2 が最適選択されることを前提にした企業利得は，定理22により，m に関して自己差分増加性をもつようになる。この自己補完性は2つのアクティビティ間の相互補完性から生成されたものであり *7，企業は，経営戦略を工夫して相互補完性が働く部分の活動を高めるような働きかけを実装することにより，間接的に，新たな補完性の構造を手に入れることができたことになる。またもし，企業が自己差分増加性を有するコア・アクティビティ $y_j (j \in \{1, \cdots, q\})$ をもっていたとすると，注意1で述べたちょっとした条件が満たされるならば，その性質はアクティビティ x に作用する経営戦略の影響を受けることはなく，企業が上述のような経営戦略を実装し，アクティビティ x に関しては最適化がなされたあとの企業利得は，依然として，y_j に関して自己差分増加性をもっている。したがって今度は，そのような y_j と m をコア・アクティビティとして，系4をさらに適用して補完構造を強化していくことが可能となる。

2番目のケースは，スーパーモジュラーゲームにおける互恵性に基づく自己補完性が発生するケースである。

定理23 (互恵性に基づく補完性強化定理 [30]). S_1 は R^p の凸部分束，S_2 は R^q の閉部分直方体とし，$x_1 \in S_1$ および $x_2 \in S_2$ とし，$\ell \in \{1, \cdots, p\}$ や $i \in \{1, \cdots, q\}$ で，ベクトル x_1 および x_2 の座標を表すものとする。$\ell \in \{1, \cdots, p\}$ は任意に固定する。$S_1 \times S_2$ 上の利得関数 $f_1(x_1, x_2)$ と $f_2(x_1, x_2)$ が2人スー

---

*7　単純な人工例として，企業の利得は $f(x_1, x_2) = x_1 x_2$ とし，m に対する x_1, x_2 の最適水準が $x_1 = m, x_2 = 2m$ とすると，企業の利得は $2m^2$ となり，m に関して強い意味の自己補完性をもつ。

パーモジュラーゲームを成すとする．さらに，$f_1(x_1, x_2)$ は，(x_1, x_2) に関して
スーパーモジュール性をもち，（$x_{1\ell}$ 以外の変数の任意に固定された値に対して）
$x_{1\ell}$ に関し増加的かつ自己差分増加性をもち，任意の $i \in \{1, \cdots, q\}$ に対して，
（x_{2i} 以外の変数の任意に固定された値に対して）x_{2i} に関して増加的かつ自己
差分増加性をもつとする．$\mu_2(x_1)$ は，S_1 上で定義された，プレイヤー 1 の戦
略 x_1 に対するプレイヤー 2 の最適応答対応 $Y_2(x_1)$ からの増加的選択で，各座
標 $i = 1, \cdots, q$ に対して $\mu_{2i}(x_1)$ が $x_{1\ell}$ に関して自己差分増加性をもつとする．

　　このとき，$f_1(x_1, \mu_2(x_1))$ は S_1 上で，（$x_{1\ell}$ 以外の変数の任意に固定された値
に対して）$x_{1\ell}$ に関し増加的かつ自己差分増加性をもつ．

証明. 自己差分増加性の証明は，定理 8 による．ここでも，応用する定理の諸条件を定める記号
には^を付けて表すことにする．$\hat{X} = S_1$, $\hat{n} = p$, $\hat{\ell} = \ell$, $\hat{x} = x_1$, $\hat{m} = q$, $\hat{g}_i(\hat{x}) = \mu_{2i}(x_1)$,
$\hat{Z}_i$ は S_2 の第 i 座標への射影，$\hat{z}_i = x_{2i}$, $\hat{f}(\hat{z}_1, \cdots, \hat{z}_{\hat{m}}, \hat{x}) = f_1(x_1, x_2)$ と対応させる．ま
ず，S_1 に対する仮定より，$\hat{X}$ は $R^{\hat{n}}$ の凸部分束である．次に，$\hat{g}_i(\hat{x})$ の $\hat{x}$ に関する増加性は
$\mu_2(x_1)$ が増加的選択であることによる．$\hat{x}_{\hat{\ell}} = x_{1\ell}$ に関する自己差分増加性は，$\mu_{2i}(x_1)$ に対
する仮定による．各 $\hat{Z}_i$ は，S_2 の形状から R の閉区間になる．$\hat{f}(\hat{z}_1, \cdots, \hat{z}_{\hat{m}}, \hat{x}) = f_1(x, y)$
は $\hat{Z}_1 \times \cdots \times \hat{Z}_{\hat{m}} \times \hat{X} = S_2 \times S_1$ 上の実数値関数で，$(\hat{z}_1, \cdots, \hat{z}_{\hat{m}}, \hat{x}) = (x_{21}, \cdots, x_{2q}, x_1)$
に関する差分増加性は $f_1(x_1, x_2)$ の (x_1, x_2) に関するスーパーモジュール性から従い，$\hat{z}_i$ に
関する増加性と自己差分増加性は，$f_1(x_1, x_2)$ の x_{2i} に関する増加性と自己差分増加性から従
う．最後の条件として，$\hat{f}(\hat{z}_1, \cdots, \hat{z}_{\hat{m}}, \hat{x})$ の $\hat{x}_{\hat{\ell}} = x_{1\ell}$ に関する自己差分増加性は $f_1(x_1, x_2)$
の $x_{1\ell}$ に関する自己差分増加性から従う．

　　以上で，定理 8 の仮定はすべて満たされる．したがって，その結論として，$\hat{f}(\hat{g}_1(\hat{x}), \cdots, \hat{g}_{\hat{m}}(\hat{x})$,
$\hat{x}) = \hat{f}(\mu_{21}(x_1), \cdots, \mu_{2q}(x_1), x_1) = f_1(x_1, \mu_2(x_1))$ は $\hat{x}_{\hat{\ell}} = x_{1\ell}$ に関して自己差分増加性を
もつ．$x_{1\ell}$ に関する増加性は，$f_1(x_1, x_2)$ と $\mu_2(x_1)$ に対する増加性の仮定から従う．　　□

定理 23 の仮定に関し，増加的最適選択 $\mu_2(x_1)$ の存在性に関するコメントは定
理 22 に対してと同様である．

系 5. S_1 は R^p の凸部分束，S_2 は R^q の閉部分直方体とし，$x_1 \in S_1$ および
$x_2 \in S_2$ とし，$\ell \in \{1, \cdots, p\}$ でベクトル x_1 の任意に固定された座標を表す．
$S_1 \times S_2$ 上の利得関数 $f_1(x_1, x_2)$ と $f_2(x_1, x_2)$ が 2 人スーパーモジュラーゲー
ムを成すとする．さらに，$f_1(x_1, x_2)$ は，（$x_{1\ell}$ 以外の変数の任意に固定された
値に対して）$x_{1\ell}$ に関し増加的かつアフィンで，（任意に固定された x_1 に対し

て）x_2 に関して増加的かつアフィンであるとする。$\mu_2(x_1)$ は，S_1 上で定義された，プレイヤー1の戦略 x_1 に対するプレイヤー2の最適応答対応 $Y_2(x_1)$ からの増加的選択で，x_1 に関してアフィンであるとする。

このとき，$f_1(x_1, \mu_2(x_1))$ は S_1 上で，($x_{1\ell}$ 以外の変数の任意に固定された値に対して）$x_{1\ell}$ に関し増加的かつ自己差分増加性をもち，さらに，x_1 に関してスーパーモジュール性をもつ。

証明. 任意のアフィン関数はスーパーモジュール性，サブモジュール性，任意の方向の自己差分増加性をもつ（すべての条件が等号で成立する）。さらに，$f_1(x_1, x_2)$ が任意の x_1 に対して x_2 に関してスーパーモジュール性をもつとき，定理3より，$f_1(x_1, x_2)$ は (x_1, x_2) に関してスーパーモジュール性をもつ。したがって，定理23の残された仮定が満たされると同時に，定理23の証明中で定理7を適用するための仮定も満たされるので，定理23の結論に加えて，$f_1(x_1, \mu_2(x_1))$ の x_1 に関するスーパーモジュール性も証明される。 □

系5は次のように解釈できる。ある商品（あるいはサービス）に関して，企業と顧客の間に互恵的な良好な関係が築かれているとする。すなわち，スーパーモジュラーゲームになっているとする（1.2.3 を参照）。このとき，特に顧客満足に影響を及ぼす企業のアクティビティの実行水準のベクトルを x_1，当該商品に係る顧客のアクティビティの実行水準のベクトルを y_1 とする。そこから生じる企業の利得を $f_1(x_1, y_1)$ で表し，顧客の満足度を $f_2(x_1, y_1)$ で表す。今，$f_1(x_1, y_1)$ は x_1 と y_1 に関して増加的でアフィンであり，(x_1, y_1) に関して差分増加性をもつとする。企業のアクティビティ実行水準 x_1 に対する顧客の $f_2(x_1, y_1)$ に関する最適応答 $\mu_2(x_1)$ が各 x_1 に対して一意に存在し，x_1 に関して増加的でアフィンであるとする。系5の残りの条件が満たされれば，顧客の最適反応を前提とし，合成された企業利得 $f_1(x_1, \mu_2(x_1))$ を評価尺度としたとき，各関連アクティビティ $x_{1i}, i = 1, \cdots, p$, は自己差分増加性をもち，また互いに相互補完性をもつ。この自己補完性は，企業利得でみたときの両者のアクティビティの相互補完性から生成されたものである *8。このことは，企業にとって，顧客と互恵的な関係

*8 単純な人工的例として，$f_1(x_1, y_1) = x_1 y_1$ とし，$\mu_2(x_1) = x_1$ とすると，企業の利得 $f_1(x_1, \mu_2(x_1)) = x_1^2$ となり，x_1 に関して強い意味の自己補完性をもつ。

を築くことが，強い補完性を手に入れることと直結していることを示している。さらに，当該商品以外に係る x_1 以外のアクティビティを $x_2, \cdots, x_n$ とし，f_1 以外の企業利得を $f(x_1, \cdots, x_n)$ で表したとき，$f(x_1, \cdots, x_n)$ は $(x_1, \cdots, x_n)$ に関してスーパーモジュラーで，各 x_{1i} に関してアフィンならば，当該商品に係る顧客の最適反応を前提とした総企業利得関数 $f_1(x_1, \mu_2(x_1)) + f(x_1, \cdots, x_n)$ は，$(x_1, \cdots, x_n)$ に関してスーパーモジュラー，かつ，$x_{1i}, i = 1, \cdots, p$ に関して自己差分増加的となる。したがって，企業は，x_1 をコア・アクティビティとして系4をさらに適用する形で，補完構造を強化することが可能となる。

例 19. この例は，Milgrom = Roberts [52] でも研究されたような日本式マネジメントを念頭においたひとつの企業モデルである。企業1は，自動車の製造会社とする。環境問題がますます重要問題となってきた現代において，消費者の自動車に対する嗜好における重要な尺度に，

　 i. 燃費も含めて，価格に対して相対的に高い品質を要求する度合い y_1

　 ii. 個性や流行や用途に応じた車種の豊富さと，納期の短さ

などがあることは間違いないであろう。自動車会社にとって，これらの嗜好に沿った消費者の購買行動は重要な環境変数として企業の利益に直結している。この環境下で十分な純利益を得ようと思えば，消費者の要求に適合した製品・サービスを生み出すためのアクティビティを中心に据える必要がある。すなわち，コストパフォーマンスのよい自動車に対する要望に応えるための，

　 i. 燃費も含めた，品質向上のための研究・開発と製品化をするアクティビティ x_1

　 ii. 数多くの車種を小ロットでも効率的に生産するアクティビティ x_2

などは，もっとも利益に貢献するアクティビティと考えられる。

　今，モデルを簡略にするため，消費者のアクティビティは，ある程度の車種選択の幅と納期の早さがあるならば，y_1 が支配的に重要だとしよう。それに対し，企業の主たるアクティビティは $x = (x_1, x_2)$ であるとする。x の実行水準が上がったとき，生産された自動車のコストパフォーマンスは向上するわけだ

が，y_1 の水準が高いほど，つまり，自動車の選択にあたりコストパフォーマンス重視の度合いが高いほど，他社との競争においてコストパフォーマンス向上はより高く評価され，より大きな利益の増加に結びつくであろう。すなわち，企業の利益 f_1 は，(x, y_1) に関し相互差分増加性をもつ。さらに，x_1 と x_2 は，両者が合わさったときに消費者の満足がより高い車になるので，同じ理由で f_1 は x に関するスーパーモジュール性ももつ，と考えられる。

アクティビティ x によって生産される車がライバル車を寄せ付けないほど消費者の要求を満たすものであれば，消費者の要求水準 y_1 は，この生産された車に合わせて決まるはずである。この関係を $\mu_2(x)$ で表す（定理 23 と系 5 を参照）。企業 1 が，消費者の前向きな反応 $\mu_2(x)$ を想定したときの利益 $f(x) = f_1(x, \mu_2(x))$ は，x に関してスーパーモジュラーで，x_1 と x_2 に関して増加的かつ自己差分増加的であるといった強い補完性を実装しているといえる。（これは，系 5 により，技術および製造装置から $\mu_2(x)$ に至る補完構造の性質として導かれる。）

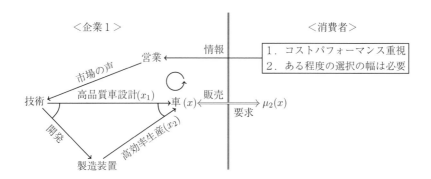

次に，（ライバル企業との比較においても優位である）コア・アクティビティといえる x_1 と x_2 を補強することを考える。x_1 および x_2 は，品質向上アクティビティ（ベクトル），および生産性改善アクティビティ（ベクトル）と一般化することができ，x_1 および x_2 は，それぞれ，その中の主要なファクターであると考えられる。このとき，

　 i. 品質向上の度合いを示す 1 次元の評価尺度 g_1

　 ii. 生産性改善の度合いを示す 1 次元の評価尺度 g_2

を企業内の目標設定のために確立できたとする（定理 21 の解釈中の μ_i を参照）。
これは，社内的指標であるが，製品の特性を通して，消費者も認知しうるとする。
この尺度がうまく設計されていれば，企業の利益を概算する際，今までの議論に
おける x_1, x_2 の値の代わりに，それらを一般化して作った尺度である g_1, g_2 の
値を用いても同じ議論が成り立つと考えてもよいだろう。すなわち，$f(x_1, x_2)$
の代わりに，これからは $f(g_1(a), g_2(a))$ で議論を進める。ここで，品質向上あ
るいは生産性改善に関わる主要なアクティビティをすべて合わせて，1 つのアク
ティビティベクトル a で表している。a に含まれるアクティビティは，例えば
次のようなものである。まず，コア・アクティビティはそのまま入れるべきな
ので，$a_1 = x_1, a_2 = x_2$ とする。このほかに，補助的アクティビティとして，

　・不良品の発生率を低下させるアクティビティ a_3

　・より効率的で低コストな生産方式を考案し，実装するアクティビティ a_4

　・ラインがストップしたときの復旧速度を向上させるためのアクティビティ
　　a_5

を考えよう。すると，典型的には，g_1 に有意な影響を与える変数は a_1 と a_3 で，
g_2 に有意な影響を与える変数は a_2, a_3, a_4, a_5 であろう。それらのアクティビ
ティの関数として，g_1 と g_2 は，増加的かつスーパーモジュラーと考えてよか
ろう。また，g_1 は a_1 の，g_2 は a_2 のアクティビティの実行水準を評価尺度とし
て一般化したものなので，g_1 は a_1 に関して，g_2 は a_2 に関して，線形で，し
たがって，（等号での成立であるが，）自己差分増加性をもつと考えてもよかろ
う。以上より，定理 21 から，$f(g_1(a), g_2(a))$ は，$a = (a_1, \cdots, a_5)$ に関して
スーパーモジュラーで，a_1 と a_2 に関しては自己差分増加性をもつ，というこ
とがわかる。（このプロセスは，さらにさまざまな補助的アクティビティを追加
しながら続けられ，企業内の補完構造が複合化していく。補完性を維持するた
めに重要な補助的アクティビティとして，プロセス中にボトルネックを発生さ
せないように管理するというアクティビティも入るであろう。）

　さて，ベクトル a にリストアップされたアクティビティの実行水準を上げる
ためには，それらアクティビティを実行可能とする一連のケイパビリティが求
められる。例えば，フレキシブル生産の場合は，次のようなケイパビリティが
前提となる。y_1 をはじめとする消費者の嗜好に応えるためのアクティビティを
顕在化させるためのケイパビリティとして，

　　i. 製造装置のもつ高いフレキシビリティを表すケイパビリティ c_1
　　ii. 製造装置の高い精度を表すケイパビリティ c_2
　　iii. 工場労働者の高い柔軟性を表すケイパビリティ c_3
　　iv. 工場労働者の高い協調性を表すケイパビリティ c_4
　　v. 工場労働者の現場での高い問題解決能力を表すケイパビリティ c_5

があげられる。例えば，c_3, c_4, c_5 のようなケイパビリティが十分にあるとき，
適切な教育や取り決めで方向付けることにより，（必要ならば，しかるべきケイ
パビリティを生み出すことにより，）a_5 のようなアクティビティの実行水準を高
めることが可能となる。また，「カイゼン」活動として，現場レベルの知識や生
産技術の知識を組み合わせて新たなケイパビリティを生み出すことにより，a_3
や a_4 のアクティビティにつながる治具の開発も可能となる。

　経営戦略の一環として，このようなケイパビリティを高めるための仕掛けを
社内に設けたならば，相互補完的な複数のアクティビティの実行水準を同時に
高めることも可能となり，企業利益は，そのような仕掛けに関して自己差分増
加性をもつことになる（定理 22 を参照）。日本式マネジメントにみられる（あ
るいは，みられた）方策は，そのようなものとして理解することができる。例
えば，終身雇用制度をはじめとする長期契約や年功序列制度は，自発的学習，
協調，ならびに情報共有のモチベーションを上昇させ，c_3, c_4, c_5 のケイパビリ
ティを増加させる。また，「カイゼン」を視覚化させる（具体的には，改善の結
果である自分達で開発したすべての治具を，あらかじめ定めた特定の統一色に
彩色する例が多い）ことにより，自分達の成果を皆に認識させ，誇りをもたせ，
また，企業としてそれらの改善活動を評価していることを自覚させる。これが，
c_3, c_4, c_5 のケイパビリティをますます増加させるモチベーションとなる。こう

して，下図のように補完性の階層構造が視覚化される。

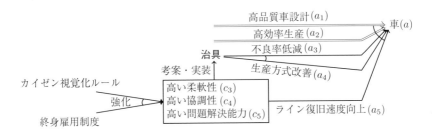

例 20. もうひとつの例として，ウォルトがいたころのディズニーランド（もしくはディズニーワールド）における補完性分析を簡単に試みる。まず，ゲスト（顧客）とディズニーランドの間の補完性を可視化しよう。ゲストが（ディズニーランドにおいて）積極的に楽しもうとするアクティビティを y_1 とする。例えば，ショーやパレードを見るとき，歓声をあげたり，声援を送ったり，ペンライトを振ったりする行為である。また，自分の満足感を，笑顔や感謝の言葉などで，素直に表明する行為も含まれる[*9]。これに対して，ディズニーランドの側として，

　i. パフォーマンスや接客において，ゲストのために尽くすアクティビティ x_1
　ii. アトラクションの細部の作りをはじめとして，ディズニーランド全体を通して感じられる質や統一感を高め，それを維持するアクティビティ x_2

を考える。ゲストの利得関数 f_2 の値はゲストの満足感で定まり，ディズニーランドの利得関数 f_1 は，ゲストの満足度が，評判やリピート，関連商品の購入につながり，結局自らの利益に直結してくることを考えると，おおむね，f_2 の値にキャストの満足感（と場合によってはコスト）を付加したようなものとして考えればよかろう。例えば，たくさん尽くしているほど，それを感謝されたとき，わかってもらえたとか，気持ちが通じたんだ，という満足感や充実感が増える，ということである。すると，よいコンサートホールにおけるよい聴衆の前でよい演奏が行われる状況と同じ相乗効果が発生することが理解されよう。す

[*9]　このときの外部効果に関して，1.2.3 の脚注 *19 も参照。

なわち，スーパーモジュラーゲームの構造が成立していると考えてよい。したがって，$x = (x_1, x_2)$ に対するゲストの反応 $\mu_2(x)$ が x に関する線形性などの仮定を満たすならば，$f(x) = f_1(x, \mu_2(x))$ は x_1 と x_2 に関して増加的かつ自己差分増加的で，x に関してスーパーモジュラーとなる。（定理 23 と系 5 を参照。これらは，図の下半分の構造体の性質として導かれる。）

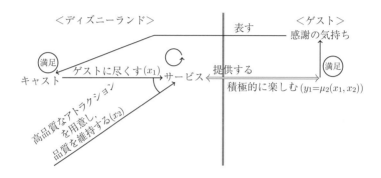

x_1, x_2 をディズニーランドのコア・アクティビティとするならば，それらは，(1) ゲストに尽くす度合いを示す評価尺度 g_1，および，(2) ディズニーランド全体の品質向上の度合いを示す評価尺度 g_2 に対応させることが可能だろう（定理 21 の解釈中の μ_i を参照）。このとき，$a_1 = x_1$ と $a_2 = x_2$ のほかに，補助的アクティビティとして，例えば，ゲストの要望やトラブルの解決，あるいは，ディズニーランドの品質向上に尽くしているキャストを皆の前で表彰するアクティビティ a_3 や，ゲストにより良く尽くせるよう教育を施すアクティビティ a_4 を考えると，g_1 は a_1, a_3, a_4 に本質的に依存し，g_2 は a_2, a_3 に本質的に依存し，それらの関数として，g_1 と g_2 は増加的かつスーパーモジュラーと考えてよかろう。さらに，定め方から，a_1, a_2 に関する自己差分増加性も満たすと考えられる。ゆえに，定理 21 より，$f(g_1(a), g_2(a))$ は，$a = (a_1, a_2, a_3, a_4)$ に関してスーパーモジュラーで，a_1 と a_2 に関して自己差分増加性をもつ。

ディズニーランドがこのような補完性が積み重なってできた構造だったということが，ディズニー社の中でもディズニーランドのトップ人事だけは，内部の事情に通じているか否かの特別な配慮が必要だった（Eisner = Schwartz ［16］）ことの理由であろう。

第3章
ゲーム的状況の数理

3.1 補完性分析の観点からのゲーム理論

3.1.1 ゲーム的状況

企業経営に関する分析において，大きな補完性の利得を期待できるケイパビリ
ティとアクティビティのシステム設計ができたとする。そのあと，各アクティ
ビティを実際に実行するのは人間である。したがって，人の問題を抜きにした
補完性分析では，設計されたアクティビティが実際に実行される保証のないも
のになってしまう。例えば，適材適所を考えるとして，必要とされる人的ケイ
パビリティを考え，そのケイパビリティをもった人を選び出し，その人が期待
したアクティビティを実行するための条件を考え，その結果が双方に満足をも
たらすものである，といった多くの条件を満たすようなものとして考えなけれ
ばならない。また，人の行動は多くの場合，他の人にプラスの影響やマイナス
の影響を及ぼすものなので，それらの外部性が意図せざる結果をもたらさない
ように，各人の状況認識や主観的予想についても考えなければならない。この
ような，相互作用を伴う人の問題を**ゲーム的状況**という。本章では，補完性分
析において知っておくべきゲーム的状況の数理を簡単にまとめておこう。

3.1.2　基本的な概念

ここでは，ゲーム理論の基本的な概念をまとめておく。

ゲーム理論の心構え

ゲーム理論はゲーム的状況を分析するための理論である。補完性分析で重要な
状況は，2 人が力を合わせた形（協調した形）になると，別々に行動するときと
比べて両者にとってプラスになるときである。このとき，非協力を前提として，
何もしなくても協調は実現されるのか？どんな仕組みを考え合わせると協調を
実現できるのか？といった考察が必要になる。そこでまず重要なことは，相手
の意思の読み合いである。例えば，相手は自分のことをどう考えているのか？
特に，どんな行動をする，と考えているのか？その結果，相手は自分に対して
どういう行動をするのか？それに対して，自分はどう行動したらいいのか？と
いった思考である。このとき，意味のある読み合いが可能となる前提条件とし
て，

　・ゲームの定式化
　・プレイヤーの選択基準

の 2 点が共有知識になっている必要がある。ここで，共有知識とは，ある知識
を自分は知っている。そのことを，相手は知っている。ということを，自分は
知っている。ということを，相手は知っている。……といったことが，すべて
の人（プレイヤー）の間でいえることであり，周知の事実ともいわれるもので
ある。

プレイヤーの選択基準として，各プレイヤーは，自分の利得が少しでも大きく
なるような戦略を確実に選択する，と仮定する。これは機械的合理性の仮定と
いわれ，次のようにかなり人間離れした性格をもつ。まず，相手の利得との比
較（多い，少ない，公平である）に由来する人間的感情はいっさい考えに入れ
ない。例えば，自分の取り分が 0 円，相手の取り分が 1 億円でもそのこと自体

を気にすることはない。次に，自分に関するわずかな利得の差も，決して見逃すことはない。例えば，1億円，2億円の商売をしているときでも1円もまけることはない。

戦略形ゲーム

ゲームの定式化にはいくつかの方法があるが，最初にゲームの戦略形といわれる定式化を示す。戦略形ゲームでは，次の3つの要素を定める必要がある。① まず，プレイヤーの集合 $N = \{1, \cdots, n\}$ を定める。考えている問題において，**意思をもち，無視しえない影響力をもつ人あるいは企業のすべて**を考慮の対象にする。② 次に，各プレイヤーが取りうる手を定める。考えている問題において，**無視しえない重要な選択肢**をすべて考慮の対象にする。各 $i = 1, \cdots, n$ に対して，プレイヤー i の**戦略**を $s_{i_1}, \cdots, s_{i_{m_i}}$ とする。ここで，s_{i_1} はプレイヤー i の1番目の戦略，m_i はプレイヤー i がもつ戦略の数を表す。プレイヤー i の戦略の全体からなる集合を**戦略集合**[*1] といい，S_i で表す。③ 最後に，各プレイヤーの行動の結果が，各プレイヤーにとってどれだけの価値があるか，という評価を実数値で表す。各 $j = 1, \cdots, n$ に対して，プレイヤー j が戦略 $s_j \in S_j$ を選択したとすると，全プレイヤーの**戦略組** $s = (s_1, \cdots, s_n)$ が定まる。その戦略組に応じた行動の結果として，各プレイヤーの**利得**を**利得関数** $f_i(s)$，$i = 1, \cdots, n$，で定める。

　①〜③をまとめたものをゲームの**戦略形**という。特に，$n = 2, m_1 = m_2 = 2$ の場合は次のように**利得表**（あるいは，**利得行列**）の形で視覚化できる。

プレイヤー 1 ＼ プレイヤー 2	s_{2_1}	s_{2_2}
s_{1_1}　　$f_1(s_{1_1}, s_{2_1})$	$f_2(s_{1_1}, s_{2_1})$	$f_2(s_{1_1}, s_{2_2})$ $f_1(s_{1_1}, s_{2_2})$
s_{1_2}　　$f_1(s_{1_2}, s_{2_1})$	$f_2(s_{1_2}, s_{2_1})$	$f_2(s_{1_2}, s_{2_2})$ $f_1(s_{1_2}, s_{2_2})$

[*1] 2.3 の最適化問題における制約集合に相当する。

ナッシュ均衡解

プレイヤー i にとって，戦略 s_i が**絶対優位な戦略**であるとは，他のプレイヤー
達のどんな戦略組（これを s_{-i} で表す）に対しても，s_i がプレイヤー i に真に
最大の利得をもたらすことをいう。すなわち，s_i 以外の任意の s_i' と任意の s_{-i}
に対して $f_i(s_i, s_{-i}) > f_i(s_i', s_{-i})$ となることをいう。

　すべてのプレイヤーが絶対優位な戦略をもてば，どのプレイヤーもその戦略
を選ぶことになり，他の可能性は発生しない。しかし，安定な戦略組がこのよう
な形では定まらないゲームは多い。そこで，次の解概念で安定な状態を捉える。
誰にとっても，自分だけが（自分の）戦略を変更しても，自分の利得が今より
真に上がることがない戦略組を，（純粋戦略の）**ナッシュ均衡解**という。すなわ
ち，戦略組 $\bar{s} = (\bar{s}_1, \cdots, \bar{s}_n)$ がナッシュ均衡解であるとは，任意の $i = 1, \cdots, n$
に対して，$\bar{s}_i$ 以外の任意の $s_i \in S_i$ に対して，$f_i(s_i, \bar{s}_{-i}) \leq f_i(\bar{s}_i, \bar{s}_{-i})$ が成り
立つことである。

　ナッシュ均衡解においては，誰も，自分 1 人では利得改善の余地がないので，
各プレイヤーは自分の戦略選択を後悔することはない。したがって，選択され
た戦略組は継続性があり，安定性をもつと考えられる。

展開形ゲーム

次に，ゲームの木による定式化を示す。

例 21 (展開形ゲームの例)．

上の例は**木**によるゲームの表現で，**展開形ゲーム**による定式化ともいう。記号

と用語に関して，次のように定める。

- ◉ ルーツ，根，初期点
- ● 分岐点。手番ともいう
- ○ 終点，頂点（終点の数が有限のとき，ゲームの木は有限であるという）
- ─── 枝，選択肢

展開形ゲームでは，プレイヤーの同時選択を表したり，知らない情報を表現したりするために，情報集合の概念が重要な役割を果たす。プレイヤーは，**情報集合**内のどの分岐点にいるかはわからないものとする。したがって，1つの情報集合が1つの**手番**となる。情報集合は，例 22 の手番 B' のように表す。

例 22. 下記の戦略形で表された「じゃんけん」ゲームを展開形ゲームとして表現すると次の図のようになる。

私 \ あなた	グー		チョキ		パー	
グー		0		−1		1
	0		1		−1	
チョキ		1		0		−1
	−1		0		1	
パー		−1		1		0
	1		−1		0	

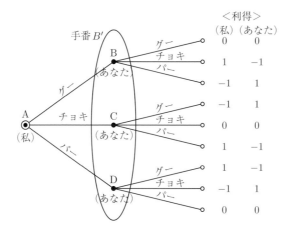

次に，展開形ゲームにおける 2 種類の戦略を定める。**局所戦略**とは，各手番（分岐点）において各枝を選択する確率を表す。例えば，例 21 におけるプレイヤー「あなた」の 1 つの局所戦略は，A において確率 α で昇給を求め，確率 $1-\alpha$ で昇給を求めない，というものである。**行動戦略**とは，各プレイヤーの，各手番における局所戦略をまとめたものである。例えば，例 21 におけるプレイヤー「あなた」の 1 つの行動戦略は，A では確率 α で昇給を求め，C では確率 β で会社を辞める，というものである。

　展開形ゲームにおける解は，戦略形ゲームのナッシュ均衡解と同様に定義できる。すなわち，行動戦略の組の中で，すべてのプレイヤーにとって，他のプレイヤーの戦略を前提としたとき，自分の戦略の選択が最適となっているものを（行動戦略の）**ナッシュ均衡解**という。

3.1.3   粗い分類

企業の補完性分析において，ゲーム的状況は領域内のものと，領域間のもの（すなわち領域境界上に発生するもの）に分かれる。前者は社内のゲームであり，後者には，顧客とのゲーム，協力企業とのゲーム，ライバル企業とのゲームがある。一方，発生する場所による分類とは別に，ゲーム的状況の特性による分類もある。ここでは，相互作用が及ぶ「広さ」と行動・結果を認知する「深さ」[*2]という 2 つの特性を軸とした分類を示すことにより，将来発生しうるゲーム的状況の予測と，事前の対策を容易にする。まず，2 軸がなす平面によく知られているゲームを配置した図を示す。

[*2]　ケイパビリティの分類は，1.1.1 において，抽象化の度合い（抽象的であるほど，そのケイパビリティは一般的で広いものと考えられる）と共有度（知識の場合，認識構造の深さと考えられる）の 2 軸によってなされていた。対応する位置にあるゲーム的状況とケイパビリティから多くの示唆が得られるはずである。

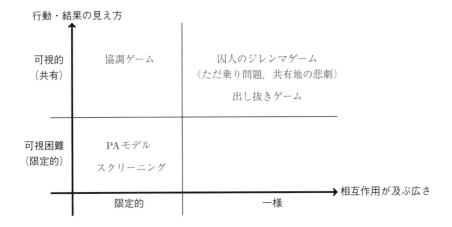

相互作用が及ぶ広さが一様であるとは，あるプレイヤーが実行したアクティビティが，他の全プレイヤーに及ぶ外部性をもつ，ということである。プラスの外部性なのか，マイナスの外部性なのかは見方による。「あるアクティビティをする」という面に着目したときにその行為がプラスの外部性をもつとするならば，「そのアクティビティをしない」あるいは「現状のまま維持する」という反対の面を1つのアクティビティと捉えたときはマイナスの外部性をもつ，と考えられるゲームは多い。したがって，ゲームの種類を分けるのは，当該アクティビティがもたらす影響（ここでは，コスト面は別にして考えている）がアクティビティを実行するプレイヤーと他のプレイヤーで同じ向きか（すなわち，あるプレイヤーにプラスの影響を及ぼす一面が他のプレイヤーにも同様にプラスの影響を及ぼすか），または，逆向きか（すなわち，一方へのプラスの影響は他方には必ずマイナスの影響か）という点である。相互作用が及ぶ広さが一様で向きが同じタイプの代表的なゲームが**囚人のジレンマゲーム**であり，逆向きのタイプの代表的なゲームが**出し抜きゲーム**（ゼロサムゲームと考えればよい）である。

補完性とは次のような関連をもつ。2人ゲームとし，両者の戦略はあるアクティビティを「する」か「しない」かの2通りとする。囚人のジレンマゲーム

になる利得表は次のようなものである（$c < d < a < b$）。

プレイヤー 1 \ 2	する	しない
する	a　　a	c　　b
しない	b　　c	d　　d

　このとき，両者のアクティビティ間に補完性があるのは，

$$a - b \geq c - d$$

が満たされるときであるが，これはどちらの場合もありうる．より具体的なゲームとして，企業 2 社の共同事業に対する投資ゲーム [56]（[2] における，経営者と労働者による人的資産に対する投資ゲームも同じ構造）を考えてみる．

　2 つの企業 A と B が共同事業をしていて，それぞれの投資の度合いで共同事業の成果が決まるとする．投資には，「する」か「しない」かの選択があり，成果は，両者が投資した場合は Y，一方のみ投資した場合は y，ともにしなかった場合は 0 とする．大小関係は，$0 < y < Y$．発生した成果は常に両社で等分され，また，投資した企業には正のコスト c がかかる．このとき，投資は常に正の外部効果があるアクティビティとなる．両プレイヤーが投資をするかしないかを選択するゲームの利得表は次のようになる．

プレイヤー 1 \ 2	する	しない
する	$\frac{1}{2}Y - c$　　$\frac{1}{2}Y - c$	$\frac{1}{2}y - c$　　$\frac{1}{2}y$
しない	$\frac{1}{2}y$　　$\frac{1}{2}y - c$	0　　0

このゲームにおいて，成果に対して c が大きくて $c > \max(\frac{Y-y}{2}, \frac{y}{2})$ となるときは「しない」が絶対優位の戦略になる．しかし同時にあまりには大きすぎず，

$\frac{Y}{2} > c$ でもあれば囚人のジレンマゲームになる。一方，補完性に関しては，投資を「する」という両プレイヤーのアクティビティに関して，Y が十分に大きく $2y < Y$ のときは補完性（細かくは，戦略的補完性）があり [*3]，反対に $2y > Y$ のときは補完性はない。各変数に数値を入れてみよう。$Y = 13, y = 6, c = 4$ のとき，ゲームは

プレイヤー 1 \ 2	する	しない
する	2.5 / 2.5	3 / −1
しない	−1 / 3	0 / 0

となり，両プレイヤーのアクティビティ間には戦略的補完性がある囚人のジレンマゲームの例になる。$Y = 11, y = 6, c = 4$ のとき，ゲームは

プレイヤー 1 \ 2	する	しない
する	1.5 / 1.5	3 / −1
しない	−1 / 3	0 / 0

となり，両プレイヤーのアクティビティ間には戦略的代替性がある囚人のジレンマゲームの例になる。

　ここで，正の外部効果がただちに補完性を発生させる，というわけではないことに注意しよう。この点に焦点をあてて以上の考察を整理しておこう。他のプレイヤーのアクティビティ実行で発生した利得 (y) を山分けしてもらえ，また逆に，自分がアクティビティを実行して発生させた利得も山分けして与えなけ

[*3]　投資を「する」としたときの利得増加分を比較すると，$(\frac{1}{2}Y - c) - (\frac{1}{2}y) > (\frac{1}{2}y - c) - (0) \iff \frac{1}{2}Y > y \iff Y > 2y$ となるため。（前章で定めた利得関数の性質として表すと，両プレイヤーの利得関数は両プレイヤーのアクティビティに関して差分増加性をもつ，ということになる。）

ればならない，という正の外部効果があるため，相対的にアクティビティ実行
コストが高いと「実行しない」が絶対優位な戦略となる。さらに 2 人ともアク
ティビティを実行したときに発生する 1 人当たりの利得（$\frac{Y}{2}$）がコストより高
ければ，2 人にとってはともに実行したほうがよいので，囚人のジレンマゲーム
となる。2 人のアクティビティ間の補完性の有無は，Y が十分大きい（$Y > 2y$）
か否かで決まる。すなわち，アクティビティ間に補完性があるということは，
アクティビティが同時に実行される過程でアクティビティ間になんらかのプラ
スの相互作用が生じ，その結果として，アクティビティを別々に実行したとき
の利得の合計（$2y$）を上回る利得が発生するということであり，それは，アク
ティビティ実行の結果が出たあとに，他のプレイヤーに利益の分配という直接
的な正の外部効果をもたらすこととは別問題である。

　一方，出し抜きゲームになる利得表は次のようなものである（$a < b, b' <$
$d', d < c, c' < a'$）。

プレイヤー 1 \ 2	する	しない
する	a' a	c' c
しない	b' b	d' d

　このときは，常に

$$a - b < 0 < c - d, \quad a' - c' > 0 > b' - d'$$

が成り立つので，両プレイヤーのアクティビティ実行について，プレイヤー 1 の
利得に関しては戦略的代替性があり，プレイヤー 2 の利得に関しては戦略的補
完性があることになる。この補完特性が真逆であることが（純粋戦略の）ナッ
シュ均衡解の不存在を生み出している，といえる。

　以上は行動・結果が可視的な場合のゲームで，3.2 においてもう少し詳しく特
性を調べ，対策も考える。行動・結果が可視困難な場合は扱わないが，影響が

及ぶ範囲が広いのでプレイヤーの特定がより難しくなり対策は難しくなる。

　次に，相互作用が及ぶ広さが限定的で，行動・結果が可視的な場合を考える。典型的なゲームは**協調ゲーム**である。各プレイヤーに選択肢が 2 つあり，それを A と B とする。両者の選択が協調している形になるとき両者の利得が高くなるようなゲームである。2 人の選択が同じ（すなわち A と A，および B と B）のときに協調しているといえる場合は**正準な協調ゲーム**といい，一方が A，もう一方が B のときに協調しているといえる場合は**ねじれのある協調ゲーム**という。これらのゲームでは，アクティビティを実行したときの（双方にプラスの）影響が及ぶ範囲が，協調関係にあるアクティビティを実行しているプレイヤーに限定されている。交差点での通行ゲーム（ねじれのある協調ゲーム）のように，交差点でどちらも同時に進むような，協調していないアクティビティを実行するプレイヤーにはマイナスの影響が及ぶ場合もある。

　投資ゲームの中で考えてみよう。このゲームでは利得の山分けという形で常に正の外部効果があるので少し矛盾を感じるかもしれない。この点に関しては，先に投資ゲームが囚人のジレンマゲームになる場合に考察したように，利得の山分けによる直接的な外部効果のほかに，アクティビティ実行の過程で発生するプラスの相互作用を加味しなければならなかったことを思い出す必要がある。特に，投資ゲームが（正準な）協調ゲームになるのは，コストに対して，同時にアクティビティを実行したときに発生する付加的な利得（すなわち，補完性の利得）が非常に大きい場合である。式で表すと，$\frac{y}{2} < c < \frac{Y-y}{2}$ が満たされるときである。このとき，自動的に $Y > 2y$ なので，付加的な利得がプラスであることは保証されていて，アクティビティ間には補完性があることになる。しかも，囚人のジレンマゲームの場合と比べると発生する補完性の度合いが大きくなっている。発生する補完性の度合いを $\alpha = Y - 2y$ と定めると，囚人のジレンマゲームの場合は $c > \max(\frac{Y-y}{2}, \frac{y}{2})$ が条件だったので，この不等式から $\frac{\alpha+y}{2} < c$，すなわち，$\alpha < 2c - y$ という評価が得られる。これに対して協調ゲームになる場合は $\frac{y}{2} < c < \frac{Y-y}{2}$ が条件になるので，$c < \frac{\alpha+y}{2}$，すなわち

$2c - y < \alpha$ という評価が得られ，発生する補完性の大きさがゲームの構造や
プレイヤーの行動を大きく変えていることが理解される。結局，一方のプレイ
ヤーが投資をするという前提で，もう一方のプレイヤーが投資をするというア
クティビティを実行したときに受ける影響を総合的に考えたとき，投資をする
というアクティビティを選択したときは補完性の利得が十分に発生するために
非常に大きなプラスの影響が及び，投資をしないというアクティビティを選択
したときは補完性由来の大きな追加利得がないために相対的にかなり小さなプ
ラスの影響しか及ばないことになる。この違いが一様性を崩しているので，先
に感じた矛盾は生じていないことになる。このタイプのゲームを 3.3 で扱う。

　投資ゲームが正準な協調ゲームになるとき，それはスーパーモジュラーゲー
ムでもある。このタイプのゲームがもつ顕著な性質である共進性（2.3 を参照）
について，投資ゲームの中でもう一度触れておく。投資ゲームを拡張して，「投
資する」というアクティビティの実行水準の選択肢を ¦しない，する¦ から ¦し
ない，する，すごくする¦ に増やすことにする。さらにこれを，実行水準の集
合 $\{0, 1, 2\}$ からの選択とし，プレイヤー 1, 2 の選択をそれぞれ k と ℓ で表すこ
とにする。このとき，達せられる投資の成果は，少なくとも一方の投資があっ
た場合は $y + k \cdot \ell \cdot (Y - y)$ とし，この利益を両者で等分し，また，実行水準に
応じて，それぞれ，$k \cdot c$ と $\ell \cdot c$ のコストがかかるものとすると，利得表は次の
ようになる。

プレイヤー 1 \ 2		$\ell = 2$	$\ell = 1$	$\ell = 0$
		$2Y - \frac{3}{2}y - 2c$	$Y - \frac{1}{2}y - c$	$\frac{1}{2}y$
$k = 2$	$2Y - \frac{3}{2}y - 2c$		$Y - \frac{1}{2}y - 2c$	$\frac{1}{2}y - 2c$
		$Y - \frac{1}{2}y - 2c$	$\frac{1}{2}Y - c$	$\frac{1}{2}y$
$k = 1$	$Y - \frac{1}{2}y - c$		$\frac{1}{2}Y - c$	$\frac{1}{2}y - c$
		$\frac{1}{2}y - 2c$	$\frac{1}{2}y - c$	0
$k = 0$	$\frac{1}{2}y$		$\frac{1}{2}y$	0

このとき，$0 < \frac{y}{2} < c < \frac{Y-y}{2}$ の仮定から，

$$\frac{1}{2}y - 2c < \frac{1}{2}y - c < 0$$
$$\frac{1}{2}y < \frac{1}{2}Y - c < \frac{1}{2}Y - c + \frac{Y-y}{2} - c = Y - \frac{y}{2} - 2c$$
$$\frac{1}{2}y < Y - \frac{1}{2}y - 2c < Y - \frac{1}{2}y - c < (Y - \frac{1}{2}y - c) + (Y - y - 2c)$$
$$< (Y - \frac{1}{2}y - c) + (Y - y - c) = 2Y - \frac{3}{2}y - 2c$$

だから，ナッシュ均衡解は $(2,2)$ と $(0,0)$ の 2 つとなる。また，

$$\frac{1}{2}y - c < \frac{Y-y}{2} - c = (\frac{Y}{2} - c) - \frac{y}{2} < (\frac{Y}{2} - c - \frac{y}{2}) + \frac{Y-y}{2}$$
$$= Y - y - c = (Y - \frac{1}{2}y - c) - \frac{1}{2}y$$
$$(\frac{1}{2}y - 2c) - (\frac{1}{2}y - c) = -c < -c + \frac{Y-y}{2} = (Y - \frac{1}{2}y - 2c) - (\frac{Y}{2} - c)$$
$$< (Y - \frac{1}{2}y - 2c) - (\frac{Y}{2} - c) + (\frac{Y-y}{2} - c)$$
$$= (2Y - \frac{3}{2}y - 2c) - (Y - \frac{1}{2}y - c) - c < (2Y - \frac{3}{2}y - 2c) - (Y - \frac{1}{2}y - c)$$

となるので，スーパーモジュラーゲームになっていることが確認される。

　アクティビティの実行水準の選択肢の集合が $\{0,1\}$ のときにナッシュ均衡解 $k=1, \ell=1$ が実現していたとすると，選択可能な実行水準の集合が $\{0,1,2\}$ に拡大したとき，プレイヤー 1 は，相手のプレイヤー 2 の実行水準が現状通り $\ell=1$ だったとしても，自分の実行水準 k を 1 から 2 に上げたほうが利得が高くなる。プレイヤー 2 に関しても同様なので，ある時点で $k=1, \ell=1$ のナッシュ均衡解が実現していた場合，拡大後は $k=2, \ell=2$ のナッシュ均衡解に移動することが合理的である。すなわち，定理 17 の共進的増加性（あるいはモメンタム性）が強制なしに自然発生することが確認される。それゆえに，高揚感（1.2.3 と 1.2.5 を参照）がたびたび認識されるのであろう。

　今度は，相互作用が及ぶ広さが限定的で，行動・結果の認知が限定的な場合を考える。特に，一方は知っているがもう一方は知っていない，という情報の非対称性がある場合を考える。情報弱者が情報強者と取引をするとき，一般的には，プレミアムを支払うことになるので，その取引が双方に利得をもたらすためには，双方が活動した結果として得られる総利得がかなり大きなものである必要がある。すると，情報強者を一種の専門家（エージェント）と考えるならば，その専門家を活用する情報弱者（プリンシパル）は，その専門性（ケイパ

ビリティ）を大きな利益に変える方法を知っている人，すなわち，当該専門能
力を活用する上位の階層においては逆になんらかの意味で強者である人，とい
うことになる。このように，情報の非対称性があるとき，双方に利得をもたら
すゲームは適切なマッチングが前提となるので，必然的に，相互作用の及ぶ広
さが限定的であるといえる。ここで考えるのはそのような状況である。このよ
うな状況下において，エージェントがプリンシパルが望む仕事をする条件を考
察するのが**プリンシパル・エージェントモデル**（PA モデル）であり，エージェ
ントから専門情報を引き出したり，必要とする特性をもっているエージェント
を事前に絞り込む方法が**スクリーニング**である。これらを 3.4 で扱う。

3.2　アクティビティの影響が全体に及ぶ場合

3.2.1　囚人のジレンマゲーム

例 23. 価格設定のジレンマとして知られているゲームは，次のような利得表で
定められるゲームである。

1 \ 2	協力	裏切り
協力	10 10	13 0
裏切り	0 13	2 2

通常は高価格（での販売）と低価格（での販売）という 2 つの戦略からの選択
で表されるが，ここでは，高価格を協力（cooperation。以下，c で表す）に，
低価格を裏切り（defection。以下，d で表す）に置換えてある。表現の一般化
によって，どこにでもあるゲームであると理解できるだろう。実際，優秀なプ
ロスポーツ選手や有能な CEO のように**希少性**の高い人の年俸が（獲得競争に
より）高騰してしまうこと，通貨安競争，共有地の悲劇，なども同じタイプの

ゲームになり，それは，一般に**囚人のジレンマゲーム**といわれる。ただし，利得は大小関係のみが意味をもつ。このゲームでは，戦略 d が絶対優位な戦略となり，戦略組 (d, d) のみがナッシュ均衡解となるが，そこでの両プレイヤーの利得組 $(2, 2)$ は，戦略組 (c, c) に対する利得組 $(10, 10)$ にパレート支配されている。そのパレート優位な状態は，非協力を前提としたプレイヤー達の合理的な選択の結果としては決して出現しない。すなわち，各人にとって合理的なことをした結果，全員にとって相対的にマイナスになってしまう，という特徴をもつ。これはまさに，個々の最適の積み重ねが全体の最適にならない，**合成の誤謬**といわれている状況である。

逆に考えれば，陥っている均衡状態は，ウィン・ウィンの関係になれるチャンスをもった状態であるともいえる。そのためにはどのような方策があるだろうか？　どのような方策であれ，ゲームの構造あるいはプレイヤーの選択基準を変化させるものでない限り，ジレンマからの脱出は不可能である。有効な方策としては，次のようなものがある。

(a) 裏切り行為に対して，信憑性のあるペナルティを課す。口だけの脅しではゲームの構造は変わらないのであり，実際に発動されるペナルティを共有知識にする必要がある。このとき，もとの囚人のジレンマゲームにペナルティによる利得を加味することになるので利得構造は変化する。価格設定のジレンマに対しては最低額保証制度が信憑性のあるペナルティの例になっている。また，村八分は，当該ゲームをより大きな（社会的な）ゲームの一部とすることにより，裏切りに対して上位のゲームにおいてペナルティが課される仕組みである。この仕組みは 3.2.3 で社会的埋め込みとして，もう少し詳しく扱う。

(b) 価格設定のジレンマゲームで発生する価格競争においては，激しい競争の源泉である**同質性**を崩すという方策がある。例えば，機能やサービスの差別化をしたり，複雑な価格設定をする，ということも解決法のひとつである。

(c) 哲学者カントの**至上命令**に従う。これは，「あなたのすることがいつでも**普遍的**に成り立つ法則になる，という原則にしたがって行動しなさい」とい

うもので，合成の誤謬が発生するような個人主義的行動（裏切り）を慎む
ことになり，パレート最適が実現されることになる。ただ，この方策はプ
レイヤーの選択基準を変えるものであり，高い資質が要求される。その代
わりに，カントの至上命令に従わざるをえない状況を作る，という手もあ
る。例えば，（共通の）**外敵・外圧**を作る，あるいは意識させることにより，
内側の結束を高める，という例は多い。

(d) 実際のところ，現実社会の人間関係では協力が選ばれることも多い。それ
はなぜか？　このあと，繰り返しゲームによる解決法として考察する。

3.2.2　繰り返しゲーム

社会においては，人と人の出会いやつき合いは繰り返されることが多い。すな
わち，同じプレイヤーの間で同じゲームが繰り返しプレイされる状況は，世の
中に数多く発生する。まず，この状況を**無限回繰り返しゲーム**として定式化す
る。

(1) 毎回，同じプレイヤーの間で同じゲーム（**ステージゲームという**）が繰り
返されるとする。したがって，繰り返しゲームのプレイヤーの集合はステージ
ゲームと同じである。例として，例 23 の価格設定のゲームをステージゲームと
する。

(2) 各プレイヤーは，自分と相手の過去のプレイを知ったうえで，その情報に
依存して，次のステージゲームにおける行動（ステージ戦略）を選択する。そ
のための規則が，繰り返しゲームにおける**戦略**になる。したがって，無限回繰
り返しゲームの戦略の数は無限個になる。しかしながら，ここでは，**簡単にす
るため**，特徴的な戦略に制限したものを戦略集合とする。例として，次の 4 つ
の戦略からなる戦略集合を考える。（一般の場合でも，フォーク定理として，同
様の結果が成り立つ。）

　(a) all-c：過去に依らずに毎回 c

(b) all-d：過去に依らずに毎回 d

(c) トリガー：最初は c。相手が c をとる限り c。相手が d をとったら，以後すべて d

(d) しっぺ返し：最初は c。以後は，前回の相手の行動と同じ行動

(3) 利得はステージごとに発生するので，利得の数列が得られることになる。したがって，なんらかの方法で集計しないと，比較することが困難である。もっとも典型的な集計方法として，**割引率** $r(0 < r)$ を用いて，利得の**現在価値**（ここでは，**ゲーム開始時点**における価値とする）の合計で**利得関数**を定める。すなわち，ステージ利得の数列を $p_1, p_2, \cdots$ とし，$\delta = \frac{1}{1+r}$ としたとき，集計された利得は $\sum_{k=1}^{\infty} \delta^k \cdot p_k$ となる（ここで，p_k の係数は**割引因子**といわれる）。

設定された無限回繰り返しゲームの利得行列は次のようになる（ただし，全利得に対し $\times \frac{\delta}{1-\delta}$ が省略されている）。

1 \ 2	all-c		all-d		トリガー		しっぺ返し	
		10		13		10		10
all-c	10		0		10		10	
		0		2		2δ		2δ
all-d	13		2		$13 - 11\delta$		$13 - 11\delta$	
		10	$13 - 11\delta$			10		10
トリガー	10		2δ		10		10	
		10	$13 - 11\delta$			10		10
しっぺ返し	10		2δ		10		10	

純粋戦略のナッシュ均衡解に関して，ステージゲームのナッシュ均衡解 (d, d) の繰り返しに相当する戦略組 (all-d, all-d) は常にナッシュ均衡解となる。ただ，それだけでなく，r が十分小ならば，具体的には，$13 - 11\delta \leq 10$ となれば（これは $r \leq \frac{8}{3}$ と同値），（トリガー，トリガー），（トリガー，しっぺ返し），（しっぺ返し，トリガー），（しっぺ返し，しっぺ返し）の 4 つの戦略組もナッシュ均衡解になる。いずれの場合も，毎回 c（協力）がプレイされる。すなわち，繰り返しにより，協力関係が創発されるのである。

　ただし，協力関係は繰り返せば無条件で期待できるというものではない。ま
ず，（相手の）割引率 r に関する情報が重要であり，特に，**長期的展望**があるこ
と（r が十分に小さいこと）が確認されなければならない。次に，裏切りを防
ぐためには，いざとなれば報復するという**懲罰ルールが必要**である。（all-c は
ナッシュ均衡解を構成できないことに注意しなければならない。）

　最後に，繰り返し回数がもし有限回だとすると，最後のステージというもの
が発生するので，最終回からさかのぼって読み合いをしていくと，「毎回裏切り」
が唯一のナッシュ均衡解となってしまう。したがって，繰り返し回数を不確定
にする，すなわち，終わり（最終回がいつか）を見せない工夫が大事であるこ
とが理解される。

3.2.3　社会的埋め込み

ここでは，Aoki [2] にある社会的埋め込みの例を簡略化したゲームを通じ，**ゲー
ムの連結**に関する理解を深める。稲作農家の村があったとする。灌漑システム
が必要で，そのために整備・維持にコストがかかる反面，勝手な利用を妨げるこ
とができない。このことから水利ゲームが発生し，それは囚人のジレンマゲー
ムとなる。簡単にするため，プレイヤー数は $n = 2$ とする。灌漑システムから
の便益は 10 とするが，怠りをしたプレイヤーがいると，1 人につき 6 ずつ減少
するとする。また，協力した場合はコストとして 7 かかり，利得は便益からコ
ストを減じて定まるとする。

1 \ 2	協力		怠り	
協力	$3 = 10 - 7$	3	-3	4
怠り	$4 = (10 - 6) - 0$	$-3 = (10 - 6) - 7$	$-2 = (10 - 2\cdot6) - 0$	-2

村人の怠りを回避するため，村にある財を共同で生産・消費する社会的交換ゲー

ムを合わせてプレイすることにより，共同体規範が発生した。その財の生産とは，例えば，かや葺き屋根のかやの葺き替えである。1人ではできず，村人達の助けを借りる必要があるので，全村人にとって，社会的交換ゲームへの参加はメリットがある。青木は，水利ゲームに社会的交換ゲームを合わせ，それを無限回繰り返すゲームの均衡として共同体規範をモデル化した。

　その均衡では，水利ゲームで怠りをした家は社会的排除（オストラシズム，村八分）を受け，社会的交換ゲームへの参加を認められなくなる。その結果として，いつも協力という行動が出現する，という形で囚人のジレンマが解消される。

　ここでは，簡単にするため，繰り返しはなしとし，社会的交換ゲームは次の形とする（ただし，$0 < x < 2$）。

1 \ 2	参加	不参加
参加	2 　　2	0 x
不参加	x 0	0 0

2つのゲームを次のように連結する。まず，水利ゲームをプレイする。水利ゲームで怠りを選んだプレイヤーは，社会的交換ゲームに参加できない。これは，社会的交換ゲームで不参加を選ぶのと同等だとする。また，水利ゲームで協力を選んだプレイヤーは，社会的交換ゲームにおいて，$0 < x < 2$ の仮定から，絶対優位な戦略となる参加を選ぶことになる。連結したゲームの利得表は，

1 \ 2	協力	怠り
協力	5 = 3 + 2 　　5	4 $-3 + x$
怠り	4 = 4 + 0 　　$-3 + x$	-2 -2

となるので，$1 < x < 2$ ならば，水利ゲームで協力することが絶対優位な戦略

となり，プレイヤーの行動は変更されることになる。

3.2.4　出し抜きゲーム

出し抜きゲームの典型的な例はコイン合わせゲームである。利得表は次のように
なる。

1 \ 2	表	裏
表	−1 1	1 −1
裏	1 −1	−1 1

　ゲームの結果は，勝ち負けがはっきり分かれたものになる（多くのゲームで，
両者の利得は和がゼロになる，という形で表現される）。どの戦略組にも負ける
プレイヤーがいて，そのプレイヤーは自分の戦略を変更したほうが有利になる
ので，純粋戦略の中では安定な状態，すなわち均衡解は存在しない。自分の戦
略を確率的に選択する混合戦略を考えれば，混合戦略のナッシュ均衡解は存在
する。その結果，確率的現象が現れることになる。

　相手の行動を事前に知ることができれば相手を出し抜いて勝つことができる
ので，さまざまな諜報活動，工作活動，陽動作戦がつきものの厳しいゲームと
いえる。そのような厳しいゲームが苦手な場合は，互いに落とし合うライバル
関係ではなく，切磋琢磨してお互いを高め合う魅力ある競争関係にすることに
より，全体のパイを広げて両者ウィン・ウィンになるゲームに，ゲームの構造
を変更する必要がある（1.2.3 の脚注 ∗20 を参照）。

3.3 アクティビティの影響が限定的な場合

3.3.1 正準な協調ゲーム

両者の戦略選択が，結果として調整されたものであれば，両者ともに満足な利得（すなわち，パレート最適な利得）を得られるゲームを**協調ゲーム**という。**調整ゲーム**，**コーディネーションゲーム**ともいう。協調状態をもたらす戦略選択が両者で同じものを特に**正準な協調ゲーム**ともいう。協調時の利得には強い非対称性がないことが多い。典型的な例は次のゲームである。

例24. 逢引のジレンマ（男と女のジレンマ，夫婦の食い違いゲーム）といわれているゲームである。

1（女）＼2（男）	オペラ	サッカー
オペラ	1 2　　0	0 0
サッカー	0 0	2 1

　（純粋戦略の）ナッシュ均衡解は戦略組（オペラ，オペラ）と（サッカー，サッカー）の2つあり，両プレイヤーは協調することには同意するが，どちらに決めるかで意見が分かれる，という特徴をもつ。したがって，お互いに，自分のとる行動を事前に，積極的に，正直に，相手に知らせ，それにコミットする（自己拘束する）インセンティブがある。そして，いったん話がまとまりかけたら，双方ともに，相手を信じ，その考えにしたがって行動することが両者の利益になる。

　したがって，どちらの均衡に落ちつくのか，流れが決まるまでが重要な時間となる。

3.3.2　ねじれのある協調ゲーム

協調ゲームの中で，各プレイヤーに，大きく非対称な利得 [*4] を与える非対称な（すなわち，ねじれた）戦略選択が均衡解になるゲームを**ねじれのある協調ゲーム**という。**強者・弱者ゲーム，タカ・ハトゲーム，チキンゲーム**ともいう。典型的な例は次のゲームである。

例 25. タカ・ハトゲーム。

1 \ 2	タカ	ハト
タカ戦略（強者戦略）	-1　-1	0　1
ハト戦略（弱者戦略）	1　0	0　0

　（純粋戦略の）ナッシュ均衡解は 2 つで，一方がタカ戦略，もう一方はハト戦略をとるものである。そのときの利得は，タカ戦略をとったほうは 1，ハト戦略をとったほうは 0 で，大きく非対称である。

　したがって，合理的なプレイヤーならば自分がタカの利得を得たいと考えるので，自分がタカ戦略をとる，と事前に相手に信じ込ませるインセンティブがある。しかしながら，相手も同じように考えているので，お互いに，相手に信じさせることが難しい課題となる。そこで，次のような手がとられることがある。

(a) 自分が合理的ではないと信じさせる。すなわち，理性・合理性とは無関係にタカ戦略に執着していると信じさせる。そのためには，そのような性格であるという**評判**を事前に確立しておく必要がある。

(b) タカ戦略の方向に大きな**サンクコスト**を既に発生させていて，もはや後戻り（戦略を変更すること）はできない，ということを共有知識にする。

(c) **権威**の力を利用する。権威のある人に，**第三者の立場**として，自分がタカ戦略をとるであろう，という予想を発表してもらう。そのような自分に有

[*4]　利得の非対称性は大きくても，ナッシュ均衡解にはなっているので，それでもまだましな状態と考えられる。その意味で協調している状態として扱う。

利な権威者・専門家をもつことは有益なことである。

3.3.3 大規模ゲーム

まず，正準な協調ゲームの大規模化を考える [*5]。例として，ドコモか au かという携帯電話の選択を次の条件のもとでゲームにする。

(1) メール機能はまだなく，通話だけできる携帯電話を考える。

(2) 会社によって通話方式は異なり，異なる方式間の通話料金は高く，同じ方式間の通話料金は（競争の結果）同じように安いとする。

このとき，2 人の間の機種選択ゲームの利得行列を以下のように定める。

1（自分）＼ 2（相手）	ドコモ [p]	au [1 − p]
ドコモ	2 2	1 1
au	1 1	2 2

次に，このゲームを**大規模化**する。プレイヤーは大勢いるとし，大勢の中からランダムに選ばれた 2 人ずつが同じゲームをプレイするとする。このとき，利得が対称なので，プレイヤー 1 とプレイヤー 2 のどちら（の役）になるかは問題にならない。

ここで，ドコモの所有比率を $p(0 \leq p \leq 1)$，au の所有比率を $1 - p$ とする。自分が新たにドコモを選んで大規模ゲームに入ったとすると，通話を通して得られる利得は，ランダム性の仮定から，確率 p で相手はドコモだからその場合は 2，確率 $1 - p$ で相手は au だからその場合は 1 となるので，期待利得は $2p + 1(1 - p) = 1 + p$ となる。逆に，au を選んだとすると，同様に考えて，期待利得は $1 \cdot p + 2(1 - p) = 2 - p$ となる。ゆえに，$p > 0.5$ ならばドコモを選ぶのが有利であり，$p < 0.5$ ならば au を選ぶのが有利である，ということにな

るが，これは感覚的に明らかなことであろう。

　もう少し考察を進めるために，ドコモを所有している人の期待利得を $f(p)$ で表す。先の計算より，$f(p) = 1 + p$ である。さらに，ドコモと au の携帯電話の所有者は全部で N 人（N は大数と考えている）とし，ドコモのネットワークインフラとしての商品価値 $g(p)$ は，ドコモユーザー全体の総期待利得である $(N \cdot p)f(p) = Np(1 + p) = Np^2 + Np$ で定まるとする [*6]。このとき，

$$g'(p) = 2Np + N = N(2p + 1) > 0$$
$$g''(p) = 2N > 0$$

という性質が得られる。以上は次のようにまとめられる。

(a) ドコモ所有者の期待利得は，ドコモ占有率 p が増えるほど大きくなる（$f'(p) > 0$）。

(b) ドコモの商品価値は，p が増えるほど高まる（$g'(p) > 0$）。

(c) ドコモの商品価値の**高まり方** $g'(p)$ は，p が大きいほど大きくなる（$g''(p) > 0$）。これは加速度的増加であり，**バンドワゴン効果**，あるいは，**ネットワーク外部性**による性質である。（1.2.4 のノーサイド・プラットフォーム補完性を参照。）

(d) シェアが $1/2$ を超えたら，企業が何もしなくても，シェアが**自己増殖的**かつ**加速度的**に増えていく。これが**標準**（の携帯）になったとか，**覇権**を制した，という状況である。一度標準が決まると，その状態は安定で，すべてがその標準を前提にして考えられるようになってしまうので，もはや容易には崩せない。

3.3.1 で触れたように，どちらの均衡解が標準になるのか，流れが決まるまでが重要であり，その間は勝つか負けるかのゼロサム的なゲーム（3.2.4）が展開される。ここで，流れが見えてきて，それが強化されていくプロセスを図式化し

[*6]　アメリカにおいて，地方テレビ局の収入は全視聴世帯数の 2 乗に比例して増加する，という調査がある（Chwe [12]）。

ておく。そのために，標準がまだ決まっていない段階で着目している均衡解を
焦点という。また，当該ゲームの焦点がどれであるか，に関する主観的な予想
を**信念**（（主観的な）確率分布で表される）という。流れが見えてくる，という
ことは支配的な信念ができてくる，と言い換えることができる。

　すると，支配的な信念は，実際の体験により強化され，その焦点はますます
安定化していく（すなわち，共有知識に近づいていく）。これが**信念と行動の再**
帰性として知られているプロセスである。図式化すると次の図のようになる。

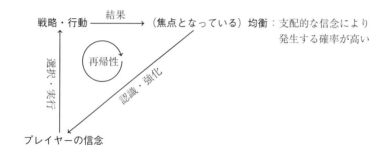

ドコモかauかの選択で考えてみよう。支配的な信念がドコモになりつつあると
き，新規に購入する人の思考として，大多数はドコモだろう，という信念から，
自分もドコモを買おうという実行がなされ，実際に使ってみて相手がドコモで
あることが高い確率で発生し，高い利得が得られた，ドコモを選んで良かった，
という気持ちになり，やはりみんなドコモなんだ，これからもドコモでいこう，
となるということである。

　社会や企業において，多くの人が同じゲームに直面しているとき，上記の再
帰的プロセスのように，多くの人の信念と行動が特定の均衡（すなわち焦点）
を間違いなく再生産するように強化・固定化された状態を**慣習**とか**制度**という。
制度は大規模協調ゲームの均衡解と捉えることができるのである（均衡による
制度観）。また，制度をより安定化するための，また，思考および時間を節約す
るための方策として，法・規則・社是・ブランドのシンボルなどが利用される

ことが多い。これらは，**制度的要素** [20] とよばれ，制度的要素がいったん確立されたあとは，新規にゲームに参入した人でも解を間違いなく選択するので，ゲーム的状況（相手の選択を考えなければならないような状況）はもはや意識されなくなる。

　では，そのように強化された制度は永久に続くのだろうか？　世界はますます急速に変化するようになっている。すると，外部環境の変化により，ゲームの利得が変化し，焦点となっている戦略が各プレイヤーに当初約束された利得をもたらさなくなることが発生してくる。それでも，とるべき行動が直接的に制度化されているため，制度は容易には変われない（成功は失敗の父）。改革によって制度を変えるためには，すなわち，均衡解を変更するためには，今までの制度的要素を無効にし，**多くの人の信念と行動を同時に変えなければならない！**これはたいへん難しいため，制度改革は，通常，（倒産しかけるほどの）大失敗のあとでしか成功しないのである（失敗は成功の母）。また，新しい均衡を焦点とする際には，新しい信念を早急に共有知識とするために**儀式**（Chwe [12]）の考えが有効であることが注意深い観察で理解されるであろう。

次に，ねじれのある協調ゲームの大規模化を考える[*7]。3.3.2 の例 25 を大規模化する。正準な協調ゲームの大規模化と同様に，大勢の中からランダムに選ばれた 2 人ずつが同じゲームをプレイするとする。ただし，ねじれのある協調ゲームでは，利得が非対称なので，プレイヤー 1 とプレイヤー 2 のどちらの役をプレイするかで利得が大きく異なり，そのため，プレイの仕方が問題となる。すなわち，「どちらの役をプレイするか」という条件に依存しないプレイの仕方と，その条件に依存したプレイの仕方の 2 通りができる。

　まず，**対称**にプレイする場合，人は，プレイヤー 1 とプレイヤー 2 のどちらになる場合でも同じ戦略をとる，と仮定することになり，このときは，混合戦略のナッシュ均衡解が唯一の対称な均衡解となる。このときは次節でも考察す

[*7]　Heap = Varoufakis [23] も参照のこと。

るように非効率が正の確率で発生することになり，両者の期待利得は良くない。すなわち，現実的な状況を表すモデルとは考えにくい。

次に，**非対称**にプレイする場合，人は，プレイヤー 1 とプレイヤー 2 のどちらを演じるかによって戦略を変えられる，と仮定することになるので，そのときの役割依存の混合戦略を $(p, q), (0 \leq p, q \leq 1)$ で表す。この戦略の意味するものは，プレイヤー 1 として行動したときは，確率 p でタカ，確率 $1 - p$ でハトを選び，プレイヤー 2 として行動したときは，確率 q でタカ，確率 $1 - q$ でハトを選ぶ，ということである。このとき，$(1, 0)$ と $(0, 1)$ のみが安定な均衡解（正確には，**進化的に安定な戦略 (ESS)** による均衡解）になることが知られている。

役割依存の混合戦略 $(1, 0)$ の組が均衡解であることは次のように解釈される。人は，プレイヤー 1 として行動するときは**強者**として搾取し，プレイヤー 2 として行動するときは**弱者**として譲歩する，という行動が（社会の）安定状態をもたらす。例えば，レディーファーストとか年長者優先などは，「レディー」や「年長者」という部分がプレイヤー 1 になる**条件**を定めている，と考えることができる。

一般に，社会が進化し，**分業や役割分担**（例：管理者と作業者）をすることが効率的になったとき，すぐに見分けがつく**外生的特徴**（例：性別，年齢，体格，肌の色）に依存して，どちらのプレイヤー役になるかが決まることが（良い悪いは別にして）多い。また，実際にどんな特徴により強者・弱者，すなわち，**階級や差別**，が決まるかはそれまでの歴史による（**経路依存性**）。その均衡選択が社会でいったん認知されると，信念と行動の再帰性の図式でみたように，その選択は再帰的に強化され，**慣習や制度**として定着してしまう。ゲーム理論は，倫理的判断をくだすことはできないが，こういった社会の重要な仕組みの本質的構造を深く理解し検討するための数理的な視点を与えてくれる。

3.3.4　相関均衡

正準な協調ゲームでもねじれのある協調ゲームでも，一方の純粋戦略のナッシュ均衡解に固定したくないとき，すなわち，どちらかに制度化したくないときはどうしたらよいだろうか？戦略を確率化する混合戦略は役に立つだろうか？

　一般に，混合戦略のナッシュ均衡解は非効率な戦略組が正の確率で発生してしまい，役に立たない。結局，2 つの純粋戦略のナッシュ均衡解を（時間的に，空間的に，などなんらかの意味 *8 で）交互にとるようにすれば非効率は発生しないのだが，このことを非協力ゲームの枠組みで選択された合理的な結果として実現するのが相関戦略と相関均衡解の概念である。

　そのために**共通の偶然機構（シグナル，仲裁者**ともいわれる）を用意し，各プレイヤーは，その共通の偶然機構の結果に依存して各自の行動を選択することにする。このような選択の仕方を**相関戦略**という。一般には，シグナルに応じた行動選択の可能性（すなわち，偶然機構への依存の仕方）は複数ありうる。特に，事前に戦略選択に関する協調が前提になっているわけではないので，その可能性のすべてが相関戦略の戦略集合になり，そこからナッシュ均衡解を求めることになる。相関戦略の組がナッシュ均衡解であるとき，それを**相関均衡解**という。

例 26. 例 24 の逢引のジレンマをもとにして考える。共通の偶然機構は天気とする。ただし，天気は晴か雨で，それぞれの確率は p および $1-p$ $(0 < p < 1)$ とする。このとき，このシグナルを使った各プレイヤーの相関戦略は下記のように 4 つずつになる。例えば，プレイヤー 1 の s_{1_2} は，天気が晴ならばオペラを選択し，雨ならばサッカーを選択する相関戦略を表している。表では，オペラ戦略をオ，サッカー戦略をサで表している。

---

*8　共通の偶然機構の選び方で決まる。

シグナル：確率	結果	プレイヤー1：相関戦略：s_{1_1}	s_{1_2}	s_{1_3}	s_{1_4}	プレイヤー2：相関戦略：s_{2_1}	s_{2_2}	s_{2_3}	s_{2_4}
p	晴	オ	オ	サ	サ	オ	オ	サ	サ
$1-p$	雨	オ	サ	オ	サ	オ	サ	オ	サ

相関均衡を求めるためには，まず利得行列を求める必要がある。各相関戦略組に対して共通の偶然機構の確率分布を用いて両者の期待利得を計算して，次の利得表を得る。

$1 \setminus 2$	s_{2_1}	s_{2_2}	s_{2_3}	s_{2_4}
s_{1_1}	1 2	p $2p$	$1-p$ $2(1-p)$	0 0
s_{1_2}	p $2p$	$2-p$ $1+p$	0 0	$2(1-p)$ $1-p$
s_{1_3}	$1-p$ $2(1-p)$	0 0	$1+p$ $2-p$	$2p$ p
s_{1_4}	0 0	$2(1-p)$ $1-p$	$2p$ p	2 1

相関均衡解は $(s_{1_1},\ s_{2_1})$，$(s_{1_2},\ s_{2_2})$，$(s_{1_3},\ s_{2_3})$，$(s_{1_4},\ s_{2_4})$ の4個になる。$p = \frac{3}{4}$ として視覚化すると下図のようになり，結果として，どの相関均衡においても，協調行動のみが取られていて，非効率が発生していないことがわかる。

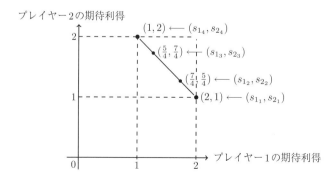

例 27. ねじれのある協調ゲームをもとにした例として，交差点の通行を考える。利得構造は例 25 のタカ・ハトゲームと同じである。

1（縦方向）\ 2（横方向）	進む	止まる
進む	-1　　-1	0　　1
止まる	1　　0	0　　0

共通の偶然機構を交差点の信号とする。交差しているどちらの側にも信号があるが，両者は連動しているので，実質的には 1 つと考える。（ここでは，プレイヤー 1（縦方向）の前の信号を基準にする。）信号は青と赤で，それぞれの確率は α と $1 - \alpha$ とする（$0 \leq \alpha \leq 1$）。すべての相関戦略を求めて利得表を作り，相関均衡解を求めて視覚化すると次のようになる。

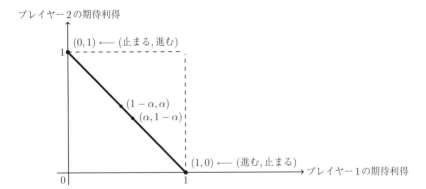

利得組 $(\alpha, 1 - \alpha)$（α は両方向の交通量に応じて定まると思われるが，おおむね $\frac{1}{2}$ 前後と考えてよかろう）をもたらす相関戦略組（縦方向は青なら進み赤なら止まり，横方向は（縦方向の信号が）青なら止まり赤なら進む）が交通規則として定められている。これは制度的要素（3.3.3）の一例になっている。

3.4 可視性が限定的な場合

3.4.1 プリンシパル・エージェントモデル

この節では，情報の非対称性がある場合を扱う。実際の行動を事後的に観察可能ならば，それに対する反応をあらかじめ計画に入れておくことが可能である。ここでは，選択された行動戦略を事後的にも正確には観察できない場合を対象とする。例えば，（外部環境に起因する）不確実性が高く，行動の特定が困難だったり，特定に時間がかかる場合である。実際，企業経営者の経営努力の影響と市場・社会の状況（景気や流行）による影響を完全に切り分けることは不可能である。したがって，契約上，高い努力が求められる場合でも，その確認が困難なため，**契約後の機会主義**が発生しやすい，ということが特徴である。

　このような状況で，情報強者であるエージェントに仕事をしてもらうモデルを**プリンシパル・エージェントモデル（PA モデル）**として定式化しておく。事後的にも行動を観察できないことから変則的な展開形ゲームと考えられる。図では，この変則的部分を破線による情報集合で表現している。依頼人，経営者をプリンシパル P で，執行人あるいは専門家をエージェント A で表す。

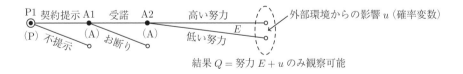

　分岐点 A2 においては，エージェントの利害とプリンシパルの**利害を一致させる**ように，すなわち，エージェントに高い努力をすることが合理的であるようにするために，エージェントの利得（＝報酬 － コスト）を，なんらかの観察可能な結果を利用して，うまく条件付ける必要がある。この条件を**インセン**

ティブ両立制約という。このとき，エージェントには，通常，プレミアムが支払われることになる。

　分岐点 A1 においては，エージェントが契約を受諾するための条件を参加制約という。

　逆に，分岐点 P1 においては，プリンシパルに対して，そうしたプレミアムを支払っても契約に価値があることを保証するための条件を契約提示制約という。このとき，もし必要なプレミアムが高すぎれば，提示制約が満たされず，ビジネスが縮小してしまう。

　契約受諾後の機会主義に対して，プレミアムの追加に代表される利害の方向を一致させる方法以外の対策として，報酬を，（おおよそ努力に基づくと考えられる）数値目標の到達度合いに応じて何段階かに分ける方法，契約の規模を少しずつ大きくしていく繰り返しゲームの形を利用する方法，事前にスクリーニングによってエージェントのタイプを推定してタイプごとに対応を変える（典型的には適任のタイプのみを選択する）方法などがある。

3.4.2 スクリーニング

スクリーニングとは，自己選別ともいい，事前にある行動を選択させることにより，相手のタイプを顕示させようとする行為をいう。ただし，ある行動がスクリーニングとして機能するための条件として，選択した行動の価値あるいはコストがタイプを反映して異なることが必要である。この条件がないと，タイプによって均衡行動が異なり（この性質をもつ均衡を分離均衡という），それによって相手のタイプを知る，すなわち，事前に情報格差を埋める，ということができないからである。

　例えば，報酬契約として固定報酬と業績報酬の 2 通りを用意し，それをまず選択させることによりエージェントのやる気と実力に関する情報を得る，ということが考えられる。このゲームは不完備情報ゲームとなり，扱うためには概念をさらにいくつか準備しなければならない。ここでは，スクリーニングの仕

掛けを簡単に理解するために，次の例でエージェントがもつ情報を顕示させる
仕掛けを考える。

例 28 (正直な報告を引き出す条件 [48])．営業部長（プリンシパル）はセール
スマン（エージェント）を使って企業利益を追求したいと思っているが，その
前段階として次のことを考えてみる。販売地区には 2 種あり，一方は潜在的購
買力が高く（その地区を h で表す），もう一方は潜在的購買力が低い（その地区
を ℓ で表す）。セールスマンは自分の担当地区（あらかじめ決まっていて変更さ
れない）のタイプを知っているが，営業部長は知らないものとする。

　営業部長は地区ごとの報酬契約を設計し，それをセールスマンに提示する。
セールスマンは，自分の担当地区の購買力の高低を報告し，報告されたタイプ
に対する報酬契約に従うものとする。営業部長は，そこでの報告から各担当地
区に関する情報を引き出すことを真の目的としている。ここで，簡単にするた
め，次の条件を付ける。

(a) セールスマンは，金銭の大小のみで報告に係る意思決定をする。

(b) 売上高は，各地区の潜在的購買力のみで決まり，それぞれ $Q_h, Q_\ell (Q_h > Q_\ell > 0)$ で表す。

(c) セールスマンの努力コストはすべて同じとする。

営業部長が提示する報酬契約は，

・購買力が高い地区（h）である，と報告された場合は $r_h Q + s_h (1 \geq r_h \geq 0, s_h \in R)$

・購買力が低い地区（ℓ）である，と報告された場合は $r_\ell Q + s_\ell (1 \geq r_\ell \geq 0, s_\ell \in R)$

とする。ただし，$Q > 0$ は地区によって定まる売上高を表す（すなわち，h 地
区なら $Q = Q_h$，ℓ 地区なら $Q = Q_\ell$）。

　セールスマンから正直な報告を引き出すために，契約が満たすべき制約条件
を求める。まず，以上の条件を木の形で図にすると次のようになる。

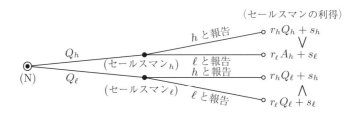

利得間の不等号はセールスマンの報告が正直になる条件を表している。得られた 2 つの不等式において，$r_h Q_h + s_h > r_\ell Q_h + s_\ell$ を移項して $(r_h - r_\ell) Q_h > s_\ell - s_h$，$r_\ell Q_\ell + s_\ell > r_h Q_\ell + s_h$ を移項して $s_\ell - s_h > (r_h - r_\ell) Q_\ell$ を得る。両者をつなげると，$(r_h - r_\ell)(Q_h - Q_\ell) > 0$ を得る。仮定より $Q_h - Q_\ell > 0$ だから $r_h > r_\ell$。これと，先ほど得られた式 $s_\ell - s_h > (r_h - r_\ell) Q_\ell$ および $Q_\ell > 0$ を合わせると $s_\ell > s_h$ を得る。エージェントとの情報格差を解消するためには，少なくともこの 2 つの条件を満たす報酬契約を選択肢として用意しなければならないことになる。

3.4.3　インセンティブ設計の数理

ここでは，プリンシパル・エージェントモデルにおいて，両者の利得を定めて各制約条件および最適契約を検討する。

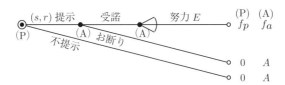

以下を仮定する [48]。

① プリンシパルとエージェントはリスク中立的である。

② エージェントが選択した努力水準を E とする。

③ そのときエージェントに発生するコスト $= \dfrac{E^2}{2D}$，D はある正の定数とする。

④　努力の結果として観察される結果 $Q = E + u$, u は外部環境由来の不確実性を表す，とする。ここで，確率変数 u の平均値 $\mu(u) = 0$ とする。

⑤　エージェントの報酬 $P = s + rQ$ とする。ここで，
- s は固定報酬（基本給に相当。$-\infty < s < \infty$ で，マイナスの場合は参加費用支払いとなる）を表す。
- rQ は可変報酬（歩合給・出来高給に相当。$0 \le r \le 1$）を表す。
- (s, r) はプリンシパルがエージェントに提示する報酬契約を表す。

⑥　エージェントの利得 $f_a = P - \frac{E^2}{2D} = s + r(E + u) - \frac{E^2}{2D}$。

⑦　プリンシパルの利得 $f_p = Q - P = (1 - r)Q - s = (1 - r)(E + u) - s$。

⑧　エージェントが代替的機会から得られる利得は $A(A \ge 0)$ とする。

3 つの制約条件を後ろから順番に求めていく。最初はインセンティブ両立制約条件である。努力水準 E は，エージェントにとって最適であるように定まる。すなわち，仮定 ⑥ より，

$$f_a = s + r(E + u) - \frac{E^2}{2D} = s + ru + E\left(r - \frac{E}{2D}\right) = s + ru - \frac{1}{2D}E(E - 2rD)$$

これから f_a のグラフを書くと下図のようになる。

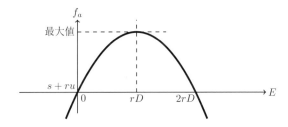

したがって，最適努力水準は $E = rD$，最適利得は $f_a = s + ru - \frac{rD}{2D}(-rD) = s + ru + \frac{r^2}{2}D$ となる。

　次に参加制約条件を求める。仮定 ⑧ より，リスク中立的なエージェントの受

諾条件は，エージェントの最適期待利得が代替的機会から得られる利得を上回る必要があるので，仮定 ④ より $\mu(u) = 0$ を使って，

$$\mu(f_a) = \mu(s + ru + \frac{r^2}{2}D) = s + \frac{r^2}{2}D \geq A$$

でなければならない。

　最後に契約提示制約条件を求める。契約 (s, r) がプリンシパルにとって意味があるためには，エージェントの最適努力水準 E に対するリスク中立的なプリンシパルの期待利得

$$\begin{aligned}\mu(f_p) &= \mu((1-r)(E+u) - s) = (1-r)E - s \\ &= (1-r)rD - s \quad (\text{仮定 ④ より}\,\mu(u) = 0 \,\text{と},\ E = rD \,\text{だから}) \\ &\geq 0\end{aligned}$$

が条件となる。

以上の制約条件が満たされる中からプリンシパルにとっての最適性を追求すると，参加制約において，$\mu(f_a)$ は受諾可能な最低水準 A になるので，

$$s + \frac{r^2}{2}D = A$$

となる。この関係を使ってプリンシパルの期待利得 $\mu(f_p)$ を最大とする最適契約 (s, r) を求めると，

$$\mu(f_p) = (1-r)rD - (A - \frac{r^2}{2}D) = rD - \frac{r^2}{2}D - A = \frac{1}{2}Dr(2-r) - A$$

だから $r = 1$，$s = A - \frac{D}{2}$ となり，このとき，プリンシパルの最適期待利得 $= \frac{D}{2} - A$ となる。したがって，プリンシパルの最適契約が提示される条件は $0 \leq \mu(f_p) = \frac{D}{2} - A = -s$ だから $s \leq 0$ となる。このとき，エージェントは最初に $|s|$ を参加費用としてプリンシパルに払い，努力の結果をすべて自分のものにすることになる。

　その結果，エージェントは努力を怠れば自分の利得だけが減ることになるので，事後の機会主義の発生は防がれる。すなわち，与えられた条件のもとで情

報上の不利を克服した報酬契約が求められたことになる。このタイプの報酬契約を前提としてプリンシパルがさらに自分の利得を高めるための方策としては，例えば，オークションなどの事前の**ゲームを連結**させて，複数の（特性の異なる）エージェント間で契約への参加を競わせる，といったことが考えられる。

参考文献

[1] R. Amit and C. Zott, Value creation in e-business, *Strategic Management Journal* 22(2001), 493–520.

[2] M. Aoki, *Toward a comparative institutional analysis*, MIT Press, 2001. （瀧澤弘和，谷口和弘訳『比較制度分析に向けて』NTT 出版，2001 年）

[3] N.S. Argyres and T.R. Zenger, Capabilities, transaction costs, and firm boundaries, *Organization Science* 23(2012), 1643–1657.

[4] 有馬哲夫『ディズニー千年王国の始まり──メディア制覇の野望』NTT 出版，2001 年。

[5] 有馬哲夫『ディズニーとライバルたち──アメリカのカートゥン・メディア史』フィルムアート社，2004 年。

[6] W.B. Arthur, *Increasing returns and path dependence in the economy*, University of Michigan, 1994. （有賀裕二訳『収益逓増と経路依存──複雑系の経済学』多賀出版，2003 年）

[7] W.J. Baumol and A.S. Blinder, *Economics: principles and policy, 3rd edition*, Harcourt Brace Jovanovich, 1985.

[8] W.J. Baumol, J.C. Panzar and R.D. Willig, *Contestable markets and the theory of industry structure*, Harcourt Brace Jovanovich, 1982.

[9] A. Beurling and E. Livingston, A theorem on duality mappings in Banach spaces, *Arkiv för Matematik* 4(1962), 405–411.

[10] K. Blind, *The economics of standards: theory, evidence, policy*, Edward Elgar, 2004.

[11] J.I. Bulow, J.D. Geanakoplos and P.D. Klemperer, Multimarket oligopoly: strategic substitutes and complements, *Journal of Political Economy* 93(1985), 488–511.

[12] M.S-Y. Chwe, *Rational ritual: culture, coordination, and common knowledge*, Princeton University Press, 2001. （安田雪訳『儀式は何の役に立つか──ゲーム理論のレッスン』新曜社，2003 年）

[13] T.K. Connellan, *Inside the magic kingdom: seven keys to Disney's success*, Bard

Press, 1996.（仁平和夫訳『ディズニー 7 つの法則』日経 BP，1997 年）

[14] ウォルト・ディズニー『夢をかなえる 100 の言葉』ぴあ，2003 年。

[15] F.Y. Edgeworth, The pure theory of monopoly, 1925, in: F.Y. Edgeworth (Ed), *Papers relating to political economy, vol.1*, Thoemmes Press, 1993, 111–142.

[16] M. Eisner and T. Schwartz, *Work in progress*, Random House, 1998.（布施由紀子訳『ディズニー・ドリームの発想＜上＞＜下＞』徳間書店，2000 年）

[17] R. Florida, *The flight of the creative class*, HarperCollins Publishers, 2005.（井口典夫訳『クリエイティブ・クラスの世紀』ダイヤモンド社，2007 年）

[18] D. Fudenberg and J. Tirole, *Game theory*, MIT Press, 1991.

[19] C. Ghosn and P. Riès, *Citoyen du monde*, unpublished.（高野優訳『カルロス・ゴーン　経営を語る』日本経済新聞社，2003 年）

[20] A. Greif, *Institutions and the path to the modern economy: lessons from medieval trade*, Cambridge University Press, 2006.（岡崎哲二，神取道宏監訳『比較歴史制度分析』NTT 出版，2009 年）

[21] A. Hagiu, Strategic decisions for multisided platforms, *MIT Sloan Management Review* 55(2014), 71–80.

[22] O. Hart and J. Moore, Property rights and the nature of the firm, *Journal of Political Economy* 98(1990), 1119–1158.

[23] S.P.H. Heap and Y. Varoufakis, *Game theory: a critical introduction*, Routledge, 1995.（荻沼隆訳『ゲーム理論 [批判的入門]』多賀出版，1998 年）

[24] B. Holmstrom and P. Milgrom, The firm as an incentive system, *American Economic Review* 84(1994), 972–991.

[25] R.S. Kaplan and R. Cooper, *Cost and effect*, Harvard Business School Press, 1998.

[26] R.S. Kaplan and D. Norton, *The strategy-focused organization*, Harvard Business School Press, 2001.

[27] L. Keeley, H. Walters, R. Pikkel and B. Quinn, *Ten types of innovation: the discipline of building breakthroughs*, John Wiley and Sons, 2013.（藤井清美訳『ビジネスモデル・イノベーション――ブレークスルーを起こすフレームワーク 10』朝日新聞出版，2014 年）

[28] 木戸一夫「補完性と階層構造」『三田商学研究』第 50 巻第 5 号（2007 年），31–44。

[29] 木戸一夫「環境変化に依存した周期変動と進化ゲーム」『三田商学研究』第 52 巻第 3 号（2009 年），47–60。

[30] K. Kido, A functional approach to prove complementarity, *Taiwanese Journal of Mathematics* 15(2011), 211–227.

[31] 木戸一夫，谷口和弘，渡部直樹「現代企業のスーパーモジュラー分析序説 (I)」『三田商学研究』第 47 巻第 4 号（2004 年），61–79。

[32] 木戸一夫，谷口和弘，渡部直樹「現代企業のスーパーモジュラー分析序説 (II)」『三田商学研究』第 47 巻第 5 号（2004 年），113–128。

[33] 木戸一夫，谷口和弘，渡部直樹「間接単調性と痛みなき改革」『三田商学研究』第 52 巻第 4 号（2009 年），1–12。

[34] 木戸一夫，谷口和弘，渡部直樹「Complementarity analysis and a business model design of a firm」Mimeo（日本語），2016 年。

[35] 木戸一夫，谷口和弘，渡部直樹「企業の補完性とビジネスモデル・デザイン——ケイパビリティと活動の関係性の比較分析」『三田商学研究』第 63 巻第 2 号（2020 年），25–48。

[36] W.C. Kim and R. Mauborgne, Blue ocean strategy, *Harvard Business Review* 82–10(2004), 76–85.

[37] 近藤康夫『AB DESIGN』六耀社，2003 年。

[38] T.C. Koopmans (Ed), *Activity analysis of production and allocation, Proceedings of a conference*, John Wiley and Sons, 1951.

[39] D.M. Kreps, *Game theory and economic modelling*, Clarendon Press, 1990. （高森寛，大住栄治，長橋透訳『ゲーム理論と経済学』東洋経済新報社，2000 年）

[40] P. Krugman, *Geography and trade*, MIT Press, 1991. （北村行伸，高橋亘，妹尾美起訳『脱「国境」の経済学——産業立地と貿易の新理論』東洋経済新報社，1994 年）

[41] T.S. Kuhn, *The structure of scientific revolutions*, University of Chicago Press, 1962. （中山茂訳『科学革命の構造』みすず書房，1971 年）

[42] 楠木建『ストーリーとしての競争戦略——優れた戦略の条件』東洋経済新報社，2012 年。

[43] R.N. Langlois and P.L. Robertson, *Firms, markets and economic change: a dynamic theory of business institutions*, Routledge, 1995. （谷口和弘訳『企業制度の理論』NTT 出版，2004 年）

[44] H. Leibenstein, Bandwagon, snob, and Veblen effects in the theory of consumers' demand, *The Quarterly Journal of Economics* 64(1950), 183–207.

[45] H.J. Lindborg, *The basics of cross-functional teams*, Quality Resources, Productivity Press, 1997. （今井義男訳『CFT　クロス・ファンクショナル・チームの基礎——勝ち残りをかけて変革を目指す組織』日本規格協会，2003 年）

[46] B.J. Loasby, The organisation of capabilities, *Journal of Economic Behavior and Organization* 35(1998), 139–160.

[47] 松井彰彦『慣習と規範の経済学——ゲーム理論からのメッセージ』東洋経済新報社，2002 年。

[48] J. McMillan, *Games, strategies, and managers: How managers can use game theory to make better business decisions*, Oxford University Press, 1992. （伊藤秀史，林田修訳『経営戦略のゲーム理論——交渉・契約・入札の戦略分析』有斐閣，1995 年）

[49] P. Milgrom, Y. Qian and J. Roberts, Complementarities, momentum, and the evolution of modern manufacturing, *American Economic Review* 81(1991), 85–89.

[50] P. Milgrom and J. Roberts, The economics of modern manufacturing: technology, strategy, and organization, *American Economic Review* 80(1990), 511–528.

[51] P. Milgrom and J. Roberts, *Economics, organization and management*, Prentice

Hall, 1992.（奥野正寛，伊藤秀史，今井晴雄，西村理，八木甫訳『組織の経済学』NTT 出版，1997 年）

[52] P. Milgrom and J. Roberts, Complementarities and systems: understanding Japanese economic organization, *Estudios Económicos* 9(1994), 3–42.

[53] P. Milgrom and J. Roberts, The economics of modern manufacturing: reply, *American Economic Review* 85(1995), 997–999.

[54] P. Milgrom and J. Roberts, Complementarities and fit strategy, structure, and organizational change in manufacturing, *Journal of Accounting and Economics* 19(1995), 179–208.

[55] J.D. Miller, *Game theory at work: how to use game theory to outthink and outmaneuver your competition*, McGraw-Hill Education, 2003.（金利光訳『仕事に使えるゲーム理論』阪急コミュニケーションズ，2004 年）

[56] 中林真幸，石黒真吾編『比較制度分析・入門』有斐閣，2010 年。

[57] 中山幹夫『はじめてのゲーム理論』有斐閣，1997 年。

[58] 岡田章『ゲーム理論』有斐閣，1996 年。

[59] J.C. Panzar and R.D. Willig, Economies of scale and economies of scope in multi-output production, Bell Laboratories Economic Discussion Paper 33, 1975.

[60] J.C. Panzar and R.D. Willig, Economies of scope, *American Economic Review* 71(1981), 268–272.

[61] E. Penrose, *The theory of the growth of the firm, 3rd edition*, Oxford University Press, 1959/1995.

[62] R. Pindyck and D. Rubinfeld, *Microeconomics, 7th edition*, Prentice Hall, 2009.

[63] M. Porter, What is strategy?, *Harvard Business Review* 74–6(1996), 61–78.

[64] M. Porter and N. Siggelkow, Contextuality within activity systems and sustainability of competitive advantage, *Academy of Management Perspectives* 22(2008), 34–56.

[65] I. Prigogine and I. Stengers, *Order out of chaos: man's new dialogue with nature*, foreword "Science and Change" by A. Toffler, Bantam Books, 1984.（伏見康治，伏見譲，松枝秀明訳『混沌からの秩序』みすず書房，1987 年）

[66] G.B. Richardson, The organisation of industry, *The Economic Journal* 82(1972), 883–896.

[67] D.J. Roberts, *The modern firm: organizational design for performance and growth*, Oxford University Press, 2004.（谷口和弘訳『現代企業の組織デザイン——戦略経営の経済学』NTT 出版，2005 年）

[68] J.C. Rochet and J. Tirole, Platform competition in two-sided markets, *Journal of European Economic Association* 1(2003), 990–1029.

[69] R.T. Rockafellar, *Convex analysis*, Princeton Unviersity Press, 1970.

[70] P.A. Samuelson, Complementarity: an essay on the 40th anniversary of the Hicks-

Allen revolution in demand theory, *Journal of Economic Literature* 12(1974), 1255–1289.

[71] A. Sen, *Commodities and capabilities*, Oxford University Press, 1987. （鈴村興太郎訳『福祉の経済学——財と潜在能力』岩波書店，1988 年）

[72] 塩沢由典『複雑系経済学入門』生産性出版，1997 年。

[73] W. Stolzenburg, *Where the wild things were: life, death, and ecological wreckage in a land of vanishing predators*, Bloomsbury Pub., 2009. （野中香方子訳『捕食者なき世界』文藝春秋，2010 年）

[74] 谷口和弘「企業とは何か」『三田商学研究』第 49 巻第 1 号（2006 年），19–40。

[75] 谷口和弘『企業の境界と組織アーキテクチャ——企業制度論序説』NTT 出版，2006 年。

[76] K. Taniguchi and D.P. Dolan, Monopolistic advantages and leadership of ecosystems in the digital era, *Keio Business Review* 53(2018), 57–75.

[77] D.J. Teece, Economies of scope and the scope of the enterprise, *Journal of Economic Behavior and Organization* 1(1980), 223–247.

[78] D.J. Teece, Explicating dynamic capabilities: the nature and microfoundations of (sustainable) enterprise performance, *Strategic Management Journal* 28(2007), 1319–1350.

[79] D.J. Teece, *Dynamic capabilities and strategic management: organizing for innovation and growth*, Oxford University Press, 2009. （谷口和弘，蜂巣旭，川西章弘，ステラチェン訳『ダイナミック・ケイパビリティ戦略——イノベーションを創発し，成長を加速させる力』ダイヤモンド社，2013 年）

[80] B. Thomas, *Building a company*: Roy O. Disney and the creation of an entertainment empire, Disney Editions, 1998. （山岡洋一，田中志ほり訳『ディズニー伝説——天才と賢兄の企業創造物語』日経 BP，1998 年）

[81] D.M. Topkis, Minimizing a submodular function on a lattice, *Operations Research* 26(1978), 305–321.

[82] D.M. Topkis, Equilibrium points in nonzero-sum *n*-person submodular games, *SIAM Journal on Control and Optimization* 17(1979), 773–787.

[83] D.M. Topkis, Comparative statics of the firm, *Journal of Economic Theory* 67(1995), 370–401.

[84] D.M. Topkis, *Supermodularity and complementarity*, Princeton University Press, 1998.

[85] X. Vives, Complementarities and games: new developments, *Journal of Economic Literature* 43(2005), 437–479.

[86] 渡部直樹「戦略と構造，そしてケイパビリティ——進化論の観点からの再構成」『三田商学研究』第 49 巻第 4 号（2006 年），81–99。

[87] 渡部直樹『企業の知識理論——組織・戦略の研究——What is the knowledge of the firm?』中央経済社，2014 年。

[88] G.M. Weinberg, *An introduction to general systems thinking*, John Wiley, 1975. (松田武彦監訳，増田伸爾訳『一般システム思考入門』紀伊国屋書店，1979 年)

[89] R.D. Willig, Multiproduct technology and market structure, *American Economic Review* 69(1979), 346–351.

[90] P.J. Zak, *The moral molecule: the new science of what makes us good or evil*, Bantam Books, 2012. (柴田裕之訳『経済は「競争」では繁栄しない——信頼ホルモン「オキシトシン」が解き明かす愛と共感の神経経済学』ダイヤモンド社，2013 年)

[91] C. Zott and R. Amit, Business model design: an activity system perspective, *Long Range Planning* 43(2010), 216–226.

[92] C. Zott, R. Amit and L. Massa, The business model: recent developments and future research, *Journal of Management* 37(2011), 1019–1042.

索　引

162

木戸 一夫（きど かずお）
東京工業大学理学部情報科学科卒業
東京工業大学大学院理工学研究科博士号取得
慶應義塾大学商学部教授

慶應義塾大学商学会　商学研究叢書 23

補完性の理論

2021 年 3 月 30 日　初版第 1 刷発行

著　者―――――木戸一夫
発行者―――――慶應義塾大学商学会
　　　　　　　〒108-8345　東京都港区三田 2-15-45
　　　　　　　TEL　03-5427-1742
制作・発売所―慶應義塾大学出版会株式会社
　　　　　　　〒108-8346　東京都港区三田 2-19-30
　　　　　　　TEL　〔編集部〕03-3451-0931
　　　　　　　　　　〔営業部〕03-3451-3584〈ご注文〉
　　　　　　　　　　〔　〃　〕03-3451-6926
　　　　　　　FAX　〔営業部〕03-3451-3122
　　　　　　　振替　00190-8-155497
　　　　　　　http://www.keio-up.co.jp/
装　丁―――――友成 修
印刷・製本――藤原印刷株式会社
カバー印刷――株式会社太平印刷社